云南百位历史名人传记丛书

中共云南省委宣传部◎编

牧童画家

廖新学

张　俊◎著

云南出版集团

云南人民出版社

图书在版编目（CIP）数据

牧童画家——廖新学 / 张俊著. -- 昆明：云南人
民出版社, 2017.8
（云南百位历史名人传记丛书）
ISBN 978-7-222-16347-8

Ⅰ.①牧… Ⅱ.①张… Ⅲ.①廖新学—传记 Ⅳ.
①K825.72

中国版本图书馆CIP数据核字(2017)第178317号

出 品 人：李　维
　　　　　赵石定
责任编辑：张力山
装帧设计：马　滨
责任校对：张艳琼
责任印制：洪中丽

书名　　**牧童画家——廖新学**
作者　　张　俊　著
出版　　云南出版集团　云南人民出版社
发行　　云南人民出版社
社址　　昆明市环城西路609号
邮编　　650034
网址　　http：//ynpress. yunshow. com
E-mail　ynrms@sina.com
开本　　889mm×1194mm　1/32
印张　　5.125
字数　　100千
版次　　2017年8月第1版第1次印刷
印刷　　昆明卓林包装印刷有限公司
书号　　ISBN 978-7-222-16347-8
定价　　22.00元

如有图书质量及相关问题请与我社联系
审校部电话0871-64164626　印制科电话0871-64191534

总 序

丛书编委会

历史长河浩浩荡荡！中华文明自滥觞至汇聚千流，涵纳万水，奔腾迭起，云蒸霞蔚，延五千年之长史，至今生机勃然，是迄今世界上唯一保持完整且衍传有序、光耀于人类的伟大文明。

习近平总书记指出：一个国家、一个民族的强盛，总是以文化兴盛为支撑的。中华民族是具有非凡创造力的民族，我们创造了伟大的中华文明，实现中华民族伟大复兴的中国梦，必须弘扬中国精神。以爱国主义为核心的民族精神，以改革创新为核心的时代精神，是兴国之魂，强国之魂。

云南，是祖国西南神奇、美丽、富饶的宝地，是中华文明中极具特质和创造潜力的丰美之乡。云南少数民族文化是中华民族文化的重要瑰宝。长期以来，云南大地上，各民族和睦与共，相濡相生，共同创造了色彩瑰丽、形态多元、底蕴厚重、影响深远的历史文化，为我们留下了珍贵的精神遗产。人，是历史的镜子，是历史最生动的环节，人民是历史的主人和创造主体。在人类历史的进程中，一个个不同时期的代表人物产生过一些不同的影响。"云南百位历史名人传记丛书"就是这样一丛历史的记录，一百位历史名人，虽未必尽能概全，各位历史人物的代表性也不尽相同，但都是"追梦人"，是振兴民族伟大理想的传薪人、探索者和实践家。

在这些代表人物中，无论是拓土开疆的将帅勇者，还是蹈海酬志的大国使节；无论是志于传播文明的鸿儒巨擘、先哲贤士，还是为民族独立解放而高歌猛进、慷慨捐躯的群雄英杰，都贯注了这一重要精神。正是以他们为代表的云南各族人民创造并抒写了可歌可泣的英雄史章，熔铸了坚韧不拔、奋为人先、包容博大、敢于担当的精神品质，才使云南在中华文明的长史中闪耀着特有的光辉。尤在近代中国，在辛亥护国风云中，在反对外辱保卫祖国边疆维护民族尊严、抗击日本法西斯侵略中，云南站在历史前台，以中华群雄的不屈身影演出了一幕幕豪迈悲壮的历史大戏，也更涌现了一批足以彪炳史册、光照后人的杰出人物。这一切，给予中国历史进程深远的影响。

今天，实现中华民族伟大复兴之梦，谱写富民强滇中国梦的云南篇章，需要以中华文化发展繁荣为重要条件，这就需要接续这一光荣而伟大的精神传统，在继承中创新，在创新中发展，在发展中超越。云南正处于一个新的历史起点上，需要大力挖掘历史文化资源，聚合更强大的精神动力，为推动我省科学发展、和谐发展、跨越发展凝心聚力。为此，我们组织省内外专家学者编写出版了"云南百位历史名人传记丛书"。这对加强我省各族人民，尤其是青年一代对历史的了解、认同，爱国爱乡爱民并甘于奉献，对提升优秀精神品质，形成团结奋斗的共同的思想基础，坚定推进富民强滇的信心和决心，显然有着重要的现实意义和切实的助力。

一百位历史人物，所处历史时期并不相同，其历史作用也有差异，甚至就个人的全面历史评断方面也难以等量趋同。但我们以为这些留存史迹的人物，所以传扬至今，为后世崇奉，均有他们共同的历史向度和价值取向。我们学习这些历史人物，至少应当着重于以下几个大的方面，即："守大德、重大义、集大成、有大度、达大观"。

守大德，即恪守道德规范。"德者，本也。"（《礼记·大学》）"大德"既是国家民族的根本利益所在，也是中国文化中最核心的价值理念及标准。古语"行德则兴，背德则崩"，不仅是资政经验，也是个人修习完善的根基。所谓"厚德载物"，直观的理解，就是如果德行浅薄，是不能兴物成事，更不能造就伟大功业的。云南历史文化名人，大多以德立身，大节不移，并对此恪守坚定，一以贯之；始终保持正确信念和理想，并为之奋斗到底。这是我们首先要学习尊崇的。

重大义，即以国家民族利益的需要为个人行为取舍的标准。有大义，才有大爱。这些先贤无不爱云南爱乡土，以兴业乡梓、造福一方为己任。尤在国家民族命运攸关、生死存亡的关头，这些令人崇敬的先辈，大义擎天，逢难不避，敢于担当，责无旁贷，勇往直前，不惧牺牲。一个心存天下大公的人总会在不经意的一瞬决定大义的选择，这是社会进步的希望所在，更何况实现中华复兴的伟大梦想，还有很多异常艰危的事业在等待我们去克难攻坚。所以，举凡大义、为民为国、全身而进的精神是我们应当效法崇尚的。

集大成，"知类通达，强立而不反，谓之大成"。这些历史人物留下的足迹，予人深刻启迪。他们无论是出将入相，还是布衣一袭，均勤学不辍，求索不止，在追求真理和知识的道路上刻苦务实，义无反顾，永无终期，故能成大器，胜大任，不辱使命。今天，世界进入知识信息时代，软硬实力决定一个国家能否赢得发展机遇，乃至自立于强国之列的地位。其紧迫性不亚于先辈梦想中国富强的百年期许。但今天所谓"集大成"，是更高更大更具有生存挑战性和发展战略性的，是集世界之"大成"，集政治经济、科技文化、制度建设、社会发展等一切领域"总成"，玉成中国梦的空前伟大的事业。所以，先人刻苦自律、博学精进的学习精神我们应当秉持继承。

有大度，即要有开放包容的胸怀。云南历史文化名人的一个共通品质，也是一个显著特点就是，即使身处僻远，总能破除狭隘与陋见，以宏大度量，兼容并包，接纳先进，吸收优异，团结一切可以团结的力量，聚合一切可以聚合的资源，总成一股创造历史的宏大动力，来完成伟大的事业。哪怕是割股舍己，也在所不惜。今天，云南要实现跨越式发展，保持开放包容的胸怀尤其重要。所以，先辈"天下云南"的大度我们应当弘扬光大。

达大观，即要眼观天下，达察全局，与时俱进，审时知变，敢为人先。推动云南社会历史进步的代表人物，无不目光远大，胸怀全局，对世界潮流、时代嬗变，都能审视洞悉，并欣然顺应规律，故能在历史转折的关键时刻做出正确选择，成就改天换地的一番伟业。古语有"小智自私""达人大观"，是将为个人谋私的小智谋与担当天下兴亡的大智慧尖锐对比而言的。否则，"其兴也勃焉，其亡也忽焉"。一个为民为国而应用心智的人，必然有达观天下的心怀，也由此激发潜能、超迈寻常，而使人生境界也更加美好而宏丽。遍观世界文明史，许多影响人类进步的伟大创新，正是以此为动力和起点的。今天，中国经济社会的快速发展，国家的日益强大，正为实现中华民族伟大复兴的中国梦开拓了无限广阔的道路，也为个人实现自身价值创造着更加富实的前景。所以，先辈们达观天下的精神我们应当引为楷模。

我们对志向高远、仰观天下、俯察民情、甘为路石、慨当以慷、求真务实的历史名人，心存景仰，并愿与千千万万的读者，尤其是青年朋友一道学习弘扬。

组织编撰"云南百位历史名人传记丛书"是一项重要的文化工程，编撰出版人员都做出了艰苦的努力，但由于众手修书，书稿层次不一，成书体例难以做到完全一致，对存在的不足敬请读者批评指正，我们将虚心接受，并在修订再版时一并吸纳修改完善。

目录//MULU

◆ **牧童的追求**

◆ **离家学艺**

牧童画家——廖新学　LIAO XINXUE

目录//MULU

目录//MULU

·云南百位历史名人传记丛书·

牧童画家——廖新学

LIAO XINXUE

牧童的追求

　　牧童能有什么追求？书中告诉读者一个幼年失去父母呵护的孤儿，一个似古代牧童画家王冕的人，艰辛地在成才之路上挣扎；他身上有一种不畏惧山高路险的大山人的精神；他似黄山松，在没有土壤的岩缝中不仅生根、发芽，而且最后长成了"参天大树"。

不合群的牧童

公元1900年，在这个山清水秀的永定镇上，一个男孩呱呱坠地。似乎，这个命中注定要远渡重洋学艺的人，投错了胎，这地方虽然称"富民"，他投生的这个家庭却十分贫穷。更大的厄运是他正需要父母供养呵护的时刻，父亲便早早地去世了，全家的生活担子都落在了母亲肩上。

廖新学家穷得什么也没有，然而，母亲却给予了他受用终身的精神财富。贫穷并不妨碍母亲的欢乐，这个可爱的宝宝的到来，给母亲平淡苦涩的日子带来了阳光和希望，激起了她心中全部的爱。母亲把温暖与柔情化作优美动听的歌声，襁褓中的廖新学常常在这醉人的歌声中带着笑意进入梦乡。廖新学从小就跟着母亲唱民歌，母亲的歌声注入了他的心房，像一股暖流流遍他的周身。之后，廖新学一唱起母亲唱过的歌，就感受到母亲的温暖，这种温暖给予他无穷的力量。后来廖新学学会了拉二胡和小提琴，不管用什么琴拉奏，也不管身在中国还是国外，拉奏的曲调中一直保留着那些融入了母亲温暖的旋律。

母亲不仅给予了他无限的爱，还给予了他炽热的爱美之心，敏锐地发现美的眼睛，灵巧地表现美的手，让他终身不知疲倦地寻美、画美！

母亲心灵手巧，家中的吃穿全靠她做童装和刺绣活维持。廖新学学会叫妈妈、爸爸之后，就整天看着母亲画图案，配彩线，飞针走线，变魔术一般让栩栩如生的小猫、小狗、小鸡跃然布上。小新学被深深地迷住了，他经常呼唤母亲绣出的小猫、小狗、小鸡。他学步之后不久就慢慢学着母亲"变魔术"，把他喜欢的小动物，用手中的瓦片变成地上的画。一次"变"不好，两次、三次、无数次，天天变，越"变"越高兴。母亲可乐了，手把手地教他"变"。慢慢地，这小孩"变"的小猫、小狗、小鸡，开始有几分像了。母亲十分惊喜，没想到闹着玩，这宝贝儿子的手就越玩越灵了！小新学也被深深地迷住了，他不再跟小伙伴乱跑乱跳，成天围在母亲身旁，手握一块瓦碴或一块木炭，不停地画。母亲布上画什么他就画什么，家里满地全是可爱的小动物。母亲正高兴自己有了帮手，可是他还没来得及帮母亲一把，父亲却突然去世了。

廖新学的父亲去世后不久，雪上加霜的是地主又逼迫他母亲搬家，母亲在争执中被打伤。又痛又气的母亲，无钱看病，病势日益加重，不久就抛下了他和弟弟离开了人世。此时廖新学才8岁，只上了一年多小学。为了活命，廖新学经人介绍到一位姓蔡的贡生家放牛。蔡贡生名芳，很有学识，县上人皆称"蔡贡爷"。

村里的牧童都觉得这个小伙伴有些古怪，他很少跟其他同伴嬉戏，常一个人在山上对着石崖、青松出神，要么站在河边对碧波绿草、翠柳粉荷发呆，他总是握着一根树枝或石块在地上到处乱画，有时一画起来，别人叫他都听不见。

"梅花香自苦寒来，宝剑锋从磨砺出"。这首为人熟知的咏诵学艺难的诗,正道出了廖新学苦难艰辛的艺术历程。

古今中外的文艺大家的产生，往往都仰仗了一个或多个优势，要么出身于书香门弟，从小受到良好教育；要么生于一个文化繁荣的大城市，从小受到文艺的熏陶。可是，老天爷似乎有意安排给这个勤奋好学的少年一个难于成材的逆境，然而倔强的廖新学偏要与命运抗争。纵观廖新学艰难的成才之路，让我不由不想到坚忍不屈的黄山松。植物的成长都离不开土壤，可是倔强的黄山松颠覆了这个生物学铁的定律，它们在没有丁点土壤的岩石缝隙中不仅生根发芽茁壮成长，有的还长成了"迎客松""送客松"之类让黄山增光添彩的天下名松。它们让诸多自幼生长在广阔空间的树木们汗颜！

廖新学这个本需要父母供养的小孩，不但要自己干活糊口，还得"养家"，家中还有个双目失明的小兄弟需要呵护。之后,廖新学在一生之中无论如何艰难困苦都在倾其全力供养、帮助着弟弟和他的后代。

在放牧的途中，牛群、马匹、羊羔成了他绘画的模特，农夫、村妇、孩童、老人成了他画面上的常客，家乡的山山水水给他注入了创作的灵感。他画大山、水渠、人物、动物、花鸟，还用粘土捏塑动物、人物。

不幸的小牧童虽然没有家，没有学校读书，却也有幸运之处。他不仅白天有一个青山绿水的广阔天地供他观察、描绘，夜晚还有一个属于他的小天地做书房与卧室——这是东家摆放农具的小房子。每天晚上他就沉浸在这个让他获得乐趣的世界里。晚上待主人睡熟，廖新学就悄悄在小屋里点燃小油灯，用簸箕遮住光，凭借着微弱的灯光，聚精会神地在柜子上读书写字。可惜爱读书的人，找不到书，只有把原来上学读过的《三字经》《幼学琼林》《百家姓》《千字文》等书反复读写。另外，找到什么就读什么，就连偶然捡到的一片报纸他也收集起来，用来学习生字，了解社会。他如饥似渴地学，就像海绵吸收水一样，点滴都不放过！

如果小牧童没有这几年画画与读书写字的基本功，也许就不会有后来那个远渡重洋的廖新学了。

廖新学终身对镇上那位教会他读书识字的周先生心存感激，这位教义塾的先生留着长须，因为眼睛近视，常常眯着眼看东西，他对学生十分严厉，只要谁连续两次读错或写错字，准得挨板子。学堂里的同学都怕这位先生，只有小新学不怕。起初大家都弄不清先生对这个家道贫寒，长相平平，并不招人喜欢的学生，是刁难还是偏爱？别人爱写错的字，专叫他写，别人背诵得结结巴巴的课文，就点他背。后来同学们发现这些难题都难不倒廖新学，所以这个穷学生从来没挨过先生的板子，竟成了周先生的得意门生。周先生不仅在课堂上夸奖这个穷学生，而且还在朋友面前夸奖说，将来这些学生中，要是有人

"金榜提名"，只会是廖新学。可是这个"尖子"只上了一年多学，就不再来了。后来才听说，他死了爹娘，去当"放牛娃娃"了。这一不幸的消息顿时让这位平时不动感情的老先生的脸阴沉下来。

廖新学离开义塾后，多次想去向周先生问字，可是因为心里有许多话不便向先生述说，一直拖下来。一天，在螳螂川边，小牧童遇上了日夜思念的周先生，这个刚强的少年，只叫出了一声"先生"，就哽咽了，两眼泪如泉涌。周先生也情不自禁眼睛湿润了。两人平静下来，周先生正欲问话，这少年的一个动作，瞬间让他眉开眼笑，也让他省去了许多要询问、叮嘱的话。发生了什么事？原来廖新学从怀中掏出几页纸来，上面工工整整地写着许多字，这牧童一口气向他问了八九个字，边问边记录。只是这"记录本"大得出奇——20世纪初中国尚未普及使用铅笔，廖新学常用的纸就是大地，笔就是树枝，此时他就在河边的沙滩上用手中树枝在地上写上难字，又在旁边注上同音字。

周先生看到这个因父母双亡而辍学，却至今未丧失求学之志，仍孜孜不倦地读书的好学生，分外高兴，又激励他千万不可中断学业。"寒可一日无衣，饥可无食，读书不可一日失"（宋·蒲宗孟）。只要坚持到底，前途无限光明，有不懂的地方只管来问。"周先生的一席话，顿时又把小牧童的笑脸上引出了泪水，让廖新学激动得半晌说不出一个字来……从此，廖新学一度中断的学业又开始了，只是由"全日制"转成了"夜校"，他隔三岔五地去向周先生求教，周先生不断给他传道、解惑还借书给他。

仰望王冕

廖新学从周先生那里借到不少书，从浅入深，《弟子规》《增广贤文》《千家诗》《神童诗》《名贤集》《三国演义》《论语》等等，这一本本书让廖新学眼前的夜不再黑暗寂寞，他进入了一个有阳光的世界，一个有诸多老师的世界。有一首《神童诗》让他大长志气，诗云"自小多才学，平生志气高，别人怀宝剑，我有笔如刀"。书中的世界吸引着他，让他精神奋发。特别令他振奋的是《儒林外史》中讲述的元代的放牛娃王冕自学成为画家的故事。

王冕（1287~1359年），字元章，号放牛翁、梅花屋主等，是浙江诸暨人，元代著名画家、诗人、书法家。王冕出身于一贫如洗的农家，幼时的王冕白天给富人家放牛，晚上经常借着佛寺的长明灯读书。诸暨的风光很美，王冕省吃俭用买了纸、笔和颜料，天天画湖里的荷花，渐渐画得越来越好，声名远播，后来又得名师指点成为了著名画家。

此后，廖新学读书画画的劲头更足了，他常常觉得自己已变成了王冕，四面青山环绕的富民在他眼中变得更加妩媚，永定镇也仿佛变成了诸暨的风光，每天在充满希望的清晨，他赶着牛走向清澈的螳螂川畔，迎接朝阳，碧波绿草、翠柳青山；傍晚夕阳把螳螂川的水和河滩、树木、羊群镀上一层金，继之彩霞映红了河水，他一次次恋恋不舍地送走朝霞，送走夕阳。天天置身于如诗如画的美景中，他抑制不住心里的喜爱之情，总想把这一切画下来，可是他手中只有石块和树枝，他勾勒出的种种线条无法留住眼前这些五彩缤纷的壮丽景色。

王冕从牧童到画家的故事，终身激励着他披荆斩棘去奋斗。后来廖新学成名后，常有人把他誉为"当代王冕"。

如果廖新学此时没有"认识"王冕这位起点与他相同的师长，他学画的热情能十余年如一日吗？如果此时没有王冕这位活生生的榜样进入廖新学的视野，那么日后法国沙龙的九个大奖，就不会有半个被中国西南这块蛮荒之地的人夺走！

廖新学之所以能由牧童变为大艺术家，也和王冕一样，他们都以天地为师"外师造化，中得心源"，是田园山川的灵气诱发了他的模仿欲望、创造能力。小镇上的小牧童笔墨纸张来之不易，能用上纸笔的时候不多，于是他不论在家还是在田野凭借着大地这块大画板，木棍、木炭或石块这些用不尽的大画笔，以万物做模特，不知疲倦地画山画水、画鸟画花、画人画兽；用泥做原料，捏塑人物、动物。兴趣是最好的老师，勤奋与坚持是进步的保障，日积月累，功夫不负有心人，几年之后，他"笔"下所画动物已经不用再猜是牛是羊，只要随手一画，就画什么像什么，连小伙伴的相貌在他笔下也能抓住几分特征。这几年练下的写生功夫为他以后步入艺术殿堂奠定了良好的基础。

被羡慕却很苦闷

天长日久蔡芳逐渐发现这个牧童不但为人诚挚、踏实、勤快，而且勤学好问，还会画几笔画。蔡芳便指着家里的字画，考考廖新学，这一考让他十分惊讶，发现这个相貌平平看似有几分笨拙的童子不仅能认许多字，还能说出部分题词的大概含意。他认为"竖子可教"，便有意栽培他，让他放牛之外兼任些"书童"的工作。从此廖新学有了正当使用"文房四宝"的理由和机会，为他深入读书提供了许多方便。蔡贡爷在镇上是不多的有学识的人，又有些文人朋友，过去廖新学从不敢开口向贡爷求教，而今有了一位可以随时请教的老师。平时矜持的蔡芳对小书童和颜悦色面露春风，几乎有问必答，不时还对他谆谆告诫，给了廖新学许多启迪，令小书童对这位主人兼老师日益敬重、感激。蔡芳一高兴，还将家里的部分藏书慷慨地借给廖新学阅览，不时还提出些书中的内容考考他，让这位小书童大长见识。兼任书童时间不长，小新学读书画画都大有长进，蔡芳料定此人将来必有作为。有一天他竟然叫廖新学为他画像。廖新学没想到东家如此看好他，十分紧张，连声赶声地辞谢，说自己画技低劣。蔡芳说不妨试试。廖新学无法再推辞，便改口说，请贡爷宽限一段时间，让他好好准备。画人像，是最考画者功底的题目，因为人的眼耳口鼻大同小异，关键部位"差之毫厘，失之千里"，而且那时的县城里还没有铅笔，用的是毛笔，落笔后不能修改。

为帮助廖新学提高技艺，蔡芳还将家中所藏的《芥子园画谱》翻出来借给廖新学观赏、临摩。这是廖新学第一次见到学习中国画的最佳教材，他如获至宝，反复琢磨、认真临摹，使他的画技上了一个大台阶，为他今后创作国画，奠定了基础。3个月后，廖新学为蔡贡爷画了肖像。贡爷把画像张贴在书房之内，有大半的客人认出了他的尊容，赞扬他的风姿。蔡芳得意地说，这是他家的书童随手画的，又说他发现这小子有几分才气，一培养还果然不错。于是又有文友赞他"慧眼卓识，栽培出了一个王冕"。

廖新学的这次成功可不容易！他是怎么完成画肖像这一难题的？

廖新学能从牧童成为艺术大师，除了天份外，还靠一种多年养成的执着，凡是他决定要做的事，或他感兴趣的事，便不惜代价，再苦再累都不歇手。这种钢铁般的意志，已逐渐形成了一种"廖新学精神"，此后这种精神一直终身伴随着他去披荆斩棘！为了给东家造像，他随时留意观察蔡芳的神态，然后反复默写，直至他一闭上眼，蔡芳的形象便在心中呼之欲出。

几年来，永定镇昔日的小牧童已长成大伙子，画越画越好，而今又兼了蔡贡爷的书童，在小镇人的眼里，廖新学算得上有出息的人了。可是廖新学本人并不得意，特别是近两年来，他神交了更多的名家。他知道了"山外有山，楼外有楼"，"能人之上有能人"，逐渐惦量出了自己就这么一点分量，他有了更多的期望。然而，现实的环境却无法找到实现理想的途径，他再度被苦闷、压抑缠绕着。他多么想，走向外面广阔的世界，去拜师学艺，去开拓眼界，可是路在何方？

他经常赶着牛顺着螳螂川的水流往前走，有时候他竟然羡慕起这缓缓流淌的清澈河水，它可以涌入江中变为气势磅礴的大江，最后投入到遥远的东方大海的怀抱……可是他却无法走到螳螂川的尽头，他只能每天目送着河水奔向天际，有时候他似乎看到王冕、郑板桥、黄慎等等大画家正在大江的另一头向他召唤……他日夜在幻想着走出这个偏僻的小镇，去寻师访友，去提升自己的画艺。

1926年秋的一天，蔡芳叫廖新学送一罐酒到一位亲戚家，这家人离镇上3公里，途中遇上一阵大雨。廖新学背着酒罐行至一个山坡上，为让一队马驮子，他一脚踩滑，摔到山沟里。摔破了酒罐，他的右手小拇指给压伤了，脚也崴了。廖新学忍着疼痛，一拐一拐地把剩下的糕点送到那位亲戚家。那位亲戚很感动，用毛驴把他驮送回蔡家。廖新学十分愧疚地向东家说明情况，请他随意责罚自己。蔡贡爷对他带着伤还坚持完成使命的精神也颇为感动，吩咐人去请医生。可是内疚而倔强的廖新学一口咬定，伤得不重，只需要用点家里现成的药就行了。没想到，后来右手小拇指竟坏死了。

廖新学带了残疾，差点毁了他此后的光辉前程，没想到却给他的命运带来了好的转机。之后，夺走巴黎沙龙九个大奖的人，就靠着剩下的4个指头在艺坛耕耘，如果他废掉的是大姆指，显然此后艺术家的事业是无法完成了！

离家学艺

　　廖新学没有满足于当乡村画家，在朝拜艺术女神的路上又上了一个台阶，他身无分文闯入昆明学艺。当他在省城成为知名画家后，他又走向京城求学。可是，不到一年他又突然决定远行，连徐悲鸿大师也没有留住他。是什么原因让这个当年的牧童不断往高处走，他到底要走向何方？

辞别故土，拜师学艺

天蒙蒙亮，东方露出鱼肚白，在清脆的马铃声中，一队马帮从雾蒙蒙的县城里驮着货物朝河边走来。

这队马帮有八个人，其中有个第一次出远门的新伙伴，脸上的表情一时似喜，一时似愁……到底他心里想什么，令人无法琢磨。这人就是廖新学，廖新学为什么不去放牛，却成了"马脚子"（赶马人）？

原来这是蔡芳的突然决定。此时已是1919年，廖新学已长成19岁的大伙子，蔡芳越来越觉得廖新学是个可以造就的人才，并深知他志在学画，其志不可动摇。同时蔡芳对廖新学手指造成的固疾有些愧疚，他新近与昆明"如真像馆"老板（画家）李鸣鹤有了交情，有心成全廖新学走上从事绘画艺术的道路，答应推荐廖新学到"如真像馆"学艺。

在即将离开这片生他养他的故土时，廖新学百感交集！他很久以来，一直梦想离开这块闭塞的地方，到令人神往的远方去求学深造，没想到，突然梦想成真了！他总在怀疑这是不是做梦，可是他明明白白地看到自己正走在久久令他羡慕的去省城的赶马人之中。是的，这绝不是梦！面对眼前朝夕相处的清澈的、缓慢流动的螳螂川之水，回视身后那片熟悉的房屋他的眼中湿润了……

这个在种种煎熬中能流汗、流血，不流泪的硬小伙，一反常态，几天中流的泪水量，超过了以往几年相加的总和。

廖新学自画像，粉色画，1933 年

廖新学获得贡爷开恩介绍他到昆明学画后，眼中噙着感激的泪花跪拜在地，向蔡贡爷千恩万谢地辞行。平时不动声色的蔡贡爷眼中也有些湿润，提笔修书给画家李鸣鹤，恳切拜托他教导、提携这个聪慧善良、勤劳好学的青年，又提笔为廖新学写下了一段赠言："取法于上，仅得其中，取法于中，不免为下。"（语出唐太宗李世民）语重心长地教导他要虚心向高手学习，不断提升自己。然后又托付一位姓李的常跑昆明城的马锅头，把廖新学带到省城。

廖新学在离家去当长工时已经把双目失明的胞弟托付给一位亲戚和邻居照看。这个机灵的小兄弟，从小磨炼，如今不仅生活能自理，还能做几种活来谋生。幸好廖新学所在的蔡家在后街，离廖家很近，廖家在永定街皇亭子近旁（今县政府斜对面，老宅已被推倒重建），廖新学能抽空经常去看弟弟。这次廖新学行前给父母扫了墓，又给多年照看弟弟的亲戚和邻居送了礼，向他们磕头拜谢，并恳请他们继续对弟弟关照到底。

夕阳西下，这队来自富民的马帮风尘仆仆地来到了大西门前的龙翔街，住进了他们经常入住的一家马店。数百年来，大西门外的龙翔街一直是来自西北方向的马帮的歇息地，因为来往的马帮多，所以街上开了许多马店和兼存售货物的堆店。

李锅头和弟兄们把马和货物安顿好后，想趁天未黑前进城去买些东西。李锅头怕这个初出远门的小兄弟累坏了，特别劝廖新学在店里歇着，过会儿给他带吃的来。廖新学虽然很疲乏，但到了朝思暮想的省城，劲又来了，哪里还坐得住，一定要跟随大家进城。

一出富民城，好奇心极强的廖新学就向这些大叔大哥们了解了昆明城中有关风土人情，街道面貌等方方面面的情况。此时身临其境，他仍然十分惊奇，忍不住问这问那，有的马脚子很乐意展示自己谙熟城市风情，让这个初见世面的年轻人听得如痴如醉。说笑间，他们已来到了"如真像馆"门前。廖新学犹豫了，他没想到此时就来到了他的目的地，所以推荐信和他的画，还有礼物，一样也没带在身上。李锅头劝他准备一下，明天再来不迟。他也觉得有理，可是他在门口只朝里看了一眼，就被迷住了：像馆内琳琅满目的艺术品让他迫不及待地想看，怎能挨到第二天？他立即对李锅头说只进去看一眼就走。于是李锅头等人在街边等他。他激动地走进了像馆，一进门就被墙上挂满的呼之欲出的大大小小的人像和宛如真山真水的风景画迷住了……他正在画前发呆，一个身着西服的壮年人朝他走来，问他有什么事。廖新学似从梦中惊醒，他想退出去，已经来不及了。廖新学见此人风度翩翩，面容和蔼，便鼓起勇气向他说明来意，没想到那人就是李鸣鹤先生。

廖新学镇静了一下，立即立正站好，朝李鸣鹤深深地鞠了一躬，虽然没有一躬到地，至少也是90度有余。廖新学似背书一般说道："鄙人来自富民县，久仰先生大名，学生学艺多年，苦于没有老师指点。蒙蔡贡爷举荐，特来拜李先生为师学艺！"这"土书童"，此时能说出这一番得体的话，多亏了行前周老师替他拟好了"拜师讲稿"。此时虽然讲得与"讲稿"大体上没有偏差、遗漏，但毕竟心中紧张，话音有些颤抖。

李鸣鹤盯着这个土里土气的不速之客，沉思片刻说道："蔡先生是我的朋友，你来自他的家乡，欢迎，欢迎！只是——目前像馆生意不佳，且不久前已收了两个徒弟，容我考虑之后，再答复你。"

廖新学似被当头浇了一盆冷水，之后他又向李鸣鹤诉说了自己如何渴望学画，如何仰慕李先生等语。事后他已记不清自己是怎么走出李先生的像馆，怎么随着大伙吃饭、喝酒……满怀希望而来，大失所望而归，大喜大悲的强烈反差，让他的神经一时难以耐受，难以平衡。

华山南路，曾是"五华书院"所在地，清代名"书院街"。民国时期，改称"华山南路"，虽然此街已经没有书院了，然而，文化韵味依然浓浓的，加之，民国初期的都督府，后来的省政府都设在五华山上，所以省府的周边日渐繁华。最热闹的是华山南路西段，有书肆、画坊、裱画店，著名的有以书画装裱见长的"含英阁""宝翰轩"和"绘芳阁""如真像馆"等专绘人像的画馆。街的中段，还有一家"传神阿睹轩"，专为人塑像。此外，还有较早在昆明销售西药的"万来祥"，首创云南火腿月饼的"吉庆祥"和一些文具、百货、糕点糖果店。

李鸣鹤先生早年曾在上海学习西洋画，擅长风景静物画，已在此街开设像馆多年。他所言像馆生意不佳，确是实话，那时候画像是一种奢侈，所以顾客大多是有钱人，而有钱又有雅性进像馆的人就不多了。小小的"如真像馆"已收了两个徒弟，的确是"徒满为患"。

第二天，这个土里土气的乡下人变成了一个文雅书生，身着一件七成新的干干净净的蓝布长衫（这是蔡贡爷所赠）一早就走进了"如真像馆"。这个不惜一切代价来昆明学画的牧童兼书童，从失落的苦恼中平静下来，思前想后，准备承受最坏的结果，准备做出一切让步，但是绝不后退，绝不改弦易辙。

这个面目一新的书生再次朝李先生深深地鞠了一躬，谦恭地恳请李先生收他为徒，又向李先生呈上了蔡贡爷的举荐信和自己精选的几幅近期的习作，并呈上拜师的一袋薄礼，内装富民土特产。李鸣鹤客气地让他坐下，吩咐一个年轻人给他送上热茶。廖新学一直忐忑不安地注视着李先生从拆信到阅信的全部动作和表情。

看完书信，李先生拿起了他的画反复看了两遍，问道："年轻人，都是你写生的？"

"禀告李先生，都是我的涂鸦之作，弟子不明画理，请先生多多赐教！"廖新学的心再次剧烈跳动起来，声音颤抖着回答。

李鸣鹤脸上露出了一丝笑容，接着叫廖新学当场画一幅写生画，内容是维纳斯的石膏头像，给了他一支铅笔，一块橡皮擦，一块画板和一张厚厚的图画纸。这个面试对廖新学来说是个大难题。这个长期以地做纸，以石块、树枝当笔的"大手笔"，此前用过的真正的纸与笔不多，更难的是此时他才有缘第一次"幸会"铅笔。他不仅从来没画过有明暗层次的正规素描，也许连见都没见过。他怯生生地向老师坦然承认，自己是初次见到铅笔，未曾学过素描，请老师多多指教、包涵。李鸣鹤也意想不到，居然还有没见过铅笔的学画者，于是向他简要地介绍了铅笔和橡皮擦的功能特点和这种短期素描作业的要求。又打开一本画册，指了一幅少女头像给他做示范。

这天廖新学画了三张画，交给李鸣鹤先生。

第一张是线描画，显然此画不符合考试的要求，但是它显示了廖新学能一笔画准对象的优势，画面形象基本准确，用笔老练、流畅。

第二幅是廖新学"临阵磨枪"的练笔画，临摹画册中那幅少女像，这是廖新学第一幅铅笔画。

第三幅，才是按考试要求画的"试卷"，此画难于评判水平高下。其原因是：凭廖新学一笔准的写生功夫，再加橡皮擦助他修改，所以轮廓准确无误，可评甲等；然而，按素描的要求，通过光影的明暗变化来塑造形体，只能勉强评为丙等甚至丁等。

看过这三幅画后，李鸣鹤先生发现这个年轻人，若按国画的线描为标准，已有一定功底，若以西洋画的素描为标准，则一窍不通。这张临摹画让他喜欢上了这个土里土气的小伙子，他觉得此人虽土，心里却有灵气，是棵好苗子。加之，蔡芳的举荐信对廖新学的评价很高。所以，尽管他的小店内已有两个见习徒弟，他还是毫不犹豫拍下了板。可是他说话却留了余地："好吧，小兄弟，你就暂时留下！不过你不要高兴得过早，我有个规矩，凡是新来者一律以半年做见习（试用）期，就是见习合格，以后表现差，仍然辞退。希望你好自为之！"

廖新学听了，顿时泪流满面，悬着的心终于落了下来。他接二连三地表示感谢，差点就跪下去磕头（民国时期，昆明的新潮以鞠躬代磕头）。

乐在其中

民国时期的学徒，可不像现在每天工作八小时，只管学手艺、干技术活，还要帮老板做许多家务事。幸好廖新学从小就适应了全天候上班，并能做多种家务事。他曾以蔡贡爷的家为家，从早干到晚，此时只是换了个地方为"家"。这个"新家"，最让他爱的是，可以有较多的时间，而且是公开地学自己心仪的艺术。所以他每天乐滋滋地从早上开门，到晚上关门，店内的杂事，扫地、抹桌、挑水、洗菜样样抢着做，做个手不闲，为的是换来学艺的"开心一刻"。

在李鸣鹤的教导下，廖新学开始掌握了素描的基础知识，知道了形体明暗变化的三大面、五调子等规律后，"心有灵犀一点通"的廖新学豁然开朗。三个月后，李鸣鹤看廖新学的石膏人像写生，大为惊奇，发现他已经基本掌握了表现立体感的关键，亮部和暗部都能结合物体的受光状况，画法有了较多变化。

在像馆里学艺的日子，不少人觉得苦，对于廖新学来说，却无苦可言。李鸣鹤开始逐渐放手让他把顾主的照片在大理石上绘成肖像，然后自己再把关、润色。廖新学的辛劳从老师和顾主满意的目光中得到鼓励与回报。廖新学初步实现了自己的追求与人生价值，体会到做自己喜欢的事，就是幸福。他每天都乐滋滋地，无论是学习素描还是画水彩、油画，无论是把顾主的照片绘成大肖像，或是现场为他们写生，他都乐此不疲。在"兴趣"这个最好的"老师"的诱导下，在李鸣鹤先生的精心点拨下，廖新学争分夺秒地画，夜以继日地画。功夫不负有心人，半年后，廖新学的素描和彩画的技艺已远在两个师兄之上，加之他十分敬重师傅，不久两个师兄走了，廖新学被留下了，之后还成了大师兄。李鸣鹤起初对蔡芳推荐信中把廖新学几乎说成完人，有些置疑，此时回头再看信中所言，说他："忠诚可信，吃苦耐劳，敬重师长，聪慧好学，志向远大。"这20个字，几乎把挑选学徒的高标准都说全了，觉得蔡芳所言，并不浮夸，这样的人确实不可多得。于是对廖新学更加器重，几年后，廖新学竟成了李鸣鹤不可缺少的助手。

在这个"学校"里，自幼像黄山松那样善于把石缝中的一切水份化为养料的廖新学，仿佛被移植到肥沃的土地上，感觉身边有无穷无尽的可供学习、借鉴的资料、范本供他学习、临摹。廖新学除了在如真像馆直接跟李鸣鹤学画外，还向左邻右舍学。这条街上就有多家可供观赏画作的店铺。在著名的以书画装裱见长的"含英阁""宝翰轩"他看到了店内为许多古今名家装裱的山水和花鸟画。那如梦如幻的仙境中，峻峭的山峰，那挺拔苍劲的松柏，栩栩如生的鸟……那气势奔放的运笔，畅快淋漓的笔墨……激发了他学习中国画的兴趣，他一有空就展开宣纸，舞笔弄墨练习国画，这一时期的积淀对他后来在国外创作国画奠定了良好的基础。在"绘芳阁"画馆，他借鉴了绘制人像的其他表现方法。让他惊叹的是那家专为人塑像的"传神阿睹轩"，刘轩主制作的全身人像惟妙惟肖。他还有绝招，可以面对真人，手在袖中即把人像捏成，被人称之为"捏骨相"。廖新学虽然没有学会在袖中捏成人像的绝活，但是学会了泥塑的一些基本技巧，这对他迷恋上雕塑乃至后来主攻雕塑，可谓一堂极好的启蒙课。

　　1918年的昆明城，虽然地处偏僻，但是在某些方面却意想不到地比某些大城市更开放。早在1905年昆明已自开商埠，扩大了外贸；1910年又有了一条"不通国内通国外"的滇越铁路。法国人修筑滇越铁路，其主观意图是侵略中国，控制云南，然而，客观上也促进了云南对外的交通与对外开放。昆明从一个边陲城市一跃成为与西方资本主义经济体系发生直接联系的前沿城市，从而大大加速了它的近代化进程。滇越铁路通车十多年，随着滚滚的车轮，日用品和文化用品源源不断地涌入昆明。昆明人逐步地接受了一些西方的思想和生活方式。在这种氛围里廖新学有幸较早地看到一些介绍法国和其他欧洲国家的精美的油画、雕塑印刷品，萌发了廖新学想看懂洋文，以便更好了解这些大师的愿望。

　　不同的人生经历，造就人们为人处事的习惯与性格。廖新学从小处于社会的最底层，让他学会了在逆境中求生存、求发展的路子。一贯对主人忠诚，任劳任怨的廖新学，对别人对自己的关爱非常敏感与珍惜，廖新学的一片好心，赢得了会经营管理，有教养且为人正派的李先生的回报。多年来李先生对廖新学的学业要求极严，循循善诱，而对日常生活并不多加干涉，且比较关爱。让从小失去父爱的廖新学对李先生的敬爱如师如父。两好并一好，两人情同父子，亲密无间，配合默契。在这种良好环境中学习、工作多年的廖新学，从心里喜欢这个"家"和"学校"。

师徒攻关

当时的省政府主席龙云曾在如真像馆订制一幅大型肖像，由李鸣鹤执笔，像画好送去后，龙云看了不满意，要求重画。李鸣鹤有幸为省主席画像，能不竭尽全力，使出浑身解数吗？但他此时已无能为力，岂能再做改进？李鸣鹤心里十分着急，后来是廖新学主动提出让自己试画，结果获得了成功。

这种事可能吗？一贯低调做人的廖新学会这样吗？作为师傅，自尊心能够忍受吗？

时令已接近冬至，因为这天气温骤降，将近10点钟华山南路街上已行人稀疏，店铺已关得黑灯瞎火了，似乎整条街已进入梦乡。时钟已经敲过12点，像馆内无声无息，可是灯光却亮晃晃的。灯下坐着李鸣鹤和廖新学师徒俩。他们的眼睛，老是盯着这幅被退回来的肖像画发愣。两人一言不发，一筹莫展。从中午到夜晚，他们把画像与照片反复对照：唉！该画的都画了，而且都画得不差，横看竖看，就是找不到有什么不当之处！可是，人家把像退回来了，怎么办？堂堂省主席看中如真像馆，本是件大好事，这肖像如能画得人家满意，将使画馆名声大振，如若交不了差，传出去，今后这画馆怎么开？

这一夜李鸣鹤急得彻夜难眠，廖新学辗转反侧。第二天李鸣鹤茶饭不思，廖新学愁眉不展。李鸣鹤思来想去，实在无法，便向廖新学直言，此像如画不好，关乎到像馆下一步的兴衰。他叫廖新学赶快想办法……可是，直到午饭后廖新学仍然没有什么主意拿出来。

左思右想，廖新学横下心来，如果老师没有其他办法，只有自己冒险试一下。然而，这话怎么好开口？只有徒弟没本事做的事，师傅来上手，哪有师傅做不了的事，徒弟来接手。这事如果自己做成了，让师傅的脸往哪里放？如果做不成，既帮不了忙，师傅又会怎么看自己？思前想后，还是无法开口。

此时李鸣鹤与廖新学几乎是情同父子，无话不说。李鸣鹤是聪明人，他知道廖新学现在已有较高的技艺，做事又极肯下功夫，而且法子多，有时虽是笨办法，但是能管用。无奈之下，李鸣鹤只好放下师傅架子，说自己老了，眼力不济，看这小照片不真切，叫廖新学画一张试试看。

廖新学明白了老师的意思。然而，他心中无底，又谦让了一阵，便说道："没有办法的办法，那就是先生多指导，我斗胆学画一张试试！"廖新学话一出口，又后悔不该如此讲。

李鸣鹤皱起眉头说："确实无法可想，你就大胆地试试吧！"

"最好是先生重新画一幅，可能会更好！"廖新学又补上一句。

李鸣鹤叹了口气，无奈地说道："好汉不言当年勇，而今为师老眼昏花，确实使不出力来了！"

这个"眼"字，突然让廖新学眼前一亮，他似乎看见了一对闪着光芒的的眼睛。对了，那是一幅外国的名人像，那炯炯有神的眼睛，充满力量，给人一种高瞻远瞩之感，一瞬间仿佛那炯炯有神的眼睛变在了龙云像的眼眶内。龙云顿时英姿勃发，让满室生辉！

此时廖新学突然从哪里冲出一股勇气，脱口而出道："我天天吃先生的饭，不能不为先生分忧……我就画一张试一试，请先生多指导吧！"

于是廖新学开始"攻关"，他平常就随时注意观察形形色色的人物的各种表情，也认真品读各种美术和摄影作品中的不同形象的细微表情。此时他从像馆中的许多资料内查出了那位名人像，又找来多幅龙云各种场合的像和其他大人物的像，认真比较、琢磨，画了多张草图。然后，他把心里的想法对李鸣鹤说了，又请他对这堆人像分析比较。李鸣鹤听了直点头，说这思路好。没多时师徒俩就从中筛选出了5幅主要参考的照片和画。廖新学对龙云等人的几种有神采的眼睛分别做了特写练习，又把它们"融为一体"，然后"画龙点睛"置入新画的龙云眼眶中，又结合整个面部表情做了反复调整。

五天后，廖新学笔下出现了一位雄姿英发的龙云，他正在对画面上的一个细节进行处理，忽然听到李鸣鹤激动的声音说："好啊！这眼神，确实比原来的照片有了英雄气！"

廖新学终于松了一口气，停下笔说："哪里，哪里，先生过奖了！"说完朝捏着画笔的右手呵了一口气。

李鸣鹤怜爱地把他拉到火盆前，叫他歇一歇，烤烤火。师徒俩坐下后，廖新学的眼睛仍然直直地盯着即将完成的画。李鸣鹤抑制不住兴奋地说。"学画就是要有你这股痴迷劲！你可以另立门户，独闯江湖了！"

"多蒙恩师栽培，小徒愚钝，尚需继续跟随先生！"廖新学惶惑而诚恳地说。

李鸣鹤仔细地对照相片凝神审视了一番画上的面部后，提出嘴角似乎还可以再朝上翘一小点，更显得有几分喜悦与自信。

新画成的龙云像，受到了龙云身边的人一致好评，都认为很传神，赞扬"这才是我们雄才大略的龙主席！"直听得龙云心里乐不可支。后来龙云得知此画是李鸣鹤指导自己的徒弟廖新学画成的，由此对这位名师和高徒十分赏识，并留下了深刻印象。

自由画画的幸福

自从廖新学为龙云画像获得赏识后，如真像馆的师徒二人在社会上知名度大为提升，像馆的生意明显地比过去好了，社会上有钱有势者要画像，大多首选如真像馆，登门拜师学艺的人也比原来多了。李鸣鹤先生看到徒弟有如此奇才，喜出望外。一天，李先生高兴地对廖新学说："你年纪不小了，论手艺也不比我差，我可以帮助你开设一个画馆，出师自立门户去。你有了出息，也不枉你我师徒一场。"廖新学听了心里十分高兴，他的勤奋努力，终于得到了老师的认可，今后能完全独立工作，不必事事请示，当然很爽。然而，他自小寄人篱下，事事得按主人的意思做，有时做重要的事几乎是诚惶诚恐，不能出错！而今他终于熬出头了！他虽然过去许多事不能自主决定，但是因为他一贯低调做人，凡事设身处地为对方着想，所以他与主人、师傅都能融洽相处，很多事也能得到主人与师傅的鼎力相助。要没有蔡芳的推荐信，肯定他进入省城的时间还会往后推，而今又是李师傅主动帮他另立门户。这些深情厚意，给他温暖，也让他难以割舍、忘怀。所以重情谊的廖新学既想更加独立自主地学习、工作，但一时间又舍不得离开这个安乐窝，于是师傅说了多次他才顺从了师傅让他另立门户的美意。

　　1925年，在热烈的鞭炮声中，一家小小的"新学美林画馆"在护国路挂牌开张了。后来为什么廖新学的"新学美林画馆"不再叫"画馆"，而改名像馆？因为起初画馆的生意较为冷清，那时的像馆除了画像有的也兼营照相。来照相与画像的顾客大多是收入能足够维持生活的人群，这些顾客的目的大致相同，都是想把自己的真容留下来，所以画像照相合在一起，既方便主顾，又能多做生意。于是廖新学找来了照相师傅，两人一拍即合，将店名改为"美林像馆"，既画人像也兼照相。（也有说法讲他曾到"荣光照相馆"学过摄影。）

布置一新的"美林像馆"挂满了各种画，除了馆内陈列着廖新学的师傅李鸣鹤先生祝贺学生开业赠送的一幅静物油画外，还有借给他支撑场面的人物画，另外是几幅廖新学新赶出的人物和静物画。廖新学还专门绘制了几幅有一面墙大的巨型布景：有假山、回廊、山水和亭台楼阁构成的中国园林画；也有喷泉、池溏和塑像组成的西洋花园；还有高山、飞瀑、溪流等自然景观。玻璃橱窗内还挂着大型肖像画、大幅美人照和两套婚纱服招揽顾客。

兼营照相后，再随着廖新学曾为龙云画像之事渐自在社会上传开，美林像馆渐渐火了起来，慕名而来请他画像者，发觉他果然身手不凡。之后，这个出师不久的"学徒"，也当上了"师傅"，他先后带了多名登门拜师学艺的年轻人。

两年后像馆让廖新学的生活有了保障，只是这位老板的心思一直没有集中在赚钱上。自从当上老板，廖新学才真正知道了什么叫幸福——就是自己作主，做自己喜欢的事，想怎么做，就怎么做！想什么时候做，就什么时候做！随时可以给自己放假。独立自主的生活对很多人而言是"家常便饭"，可是对这个从小样样受人管束的牧童与学徒而言，此时是走进了天堂。他可以为所欲为地、更加勤奋地从事绘画学习与创作了。这棵"黄山松"而今已经被"移植"到了养料丰富的土壤之中。廖老板白天大部分时间用于完成绘制订单，也不时外出写生，夜晚在灯光下练习石膏像写生画或水果器皿组成的静物。勤奋好学的他在绘画技艺上突飞猛进。这段时间，有时天刚蒙蒙亮，廖新学已在圆通山顶支起了画架等待朝霞。那时登上圆通山的山顶，环目四顾，没有高楼大厦阻挡视野，一览无遗，昆明的"半壁江山"尽收眼底，无论观日出，还是看晚霞都是城里的最佳处。热闹的大观河码头，巍峨的东西寺塔，壮丽的金马碧鸡坊，古老的圆通寺……熙熙攘攘的街巷，到处留下了廖新学的足迹。明媚的昆明河山，悠久的昆明历史，淳朴的昆明人滋养了这位年轻的美的追求者。

更高的追求

廖新学1919年进入昆明，作为学西洋美术的艺术家，他进城学艺的年代可谓正当其时。此前，国内有关介绍西洋美术的书刊极少，此后才渐自多了起来。

民国初年，在西方近代学术浪潮的冲击下，国内已有人开始翻译和编写西洋美术史著作。1918年11月，创办了《美术》杂志，该杂志登载中外古今美术史、画论和美术教学研究等专论并报导国内外新美术活动。1926年1月《艺术界》创刊。1928年出版了刘海粟著的《十九世纪法兰西的美术》《丁光燮风景画展特辑》《近代雕刻杰作集》等书和画册。1928年之后国内已能看到翻译的原版《西洋美术史纲要》。

云南由于滇越铁路的通车，还让昆明人比国内许多城市更早、更多地看到介绍法国和其他欧美国家的印刷精美的美术作品。这些名作不断诱惑着这个像海绵吸水一样善于吸取知识的廖新学，去弄清这些大师和作品。廖馆主当老板与做学生两不误，几年后，他虽然外表还保留着许多"土气"，但脑袋里已经输入了许多"洋文化"。

　　1930年，云南省立博物馆成立，地址在昆明文庙，馆内设美术、卫生、科学、历史、教育成果五个陈列室和一个动物园。当时廖新学在昆明社会上已有较高知名度，他曾为不少本地知名人士画过肖像，深受委托者好评。经人推荐，廖新学被聘为省立博物馆"设计委员会委员兼艺术馆西洋艺术部主任"。在兼职期间，廖新学开始更多地把视野和精力投向民众、投向社会、投向艺术，更加关注昆明的重大事件和百姓的日常生活，经常深入城内和近郊写生，广泛收集素材，画了许多习作，并着手进行油画创作。

　　1932年，云南省立博物馆被并入云南省立昆华民众教育馆。同年，廖新学创作的一批油画作品在民众教育馆展出。开展头几天，只有稀稀疏疏的几个好奇的人进来看稀奇，没想到一个星期后平时门可罗雀的民众教育馆一下子火爆了。昆明人过去很少见到油画，更没有见过直接描绘自己本乡本土风光和自己身边熟悉的男女老少。廖新学的作品展出几天后，人们扶老携幼，涌入文庙，争相观看这些画"自己"的画。

　　由于廖新学的画作贴近生活、关注民生、热爱自然，他的作品紧跟时代的步伐，充满了生活气息，让人耳目一新，在社会上引起强烈的反响，民众开始认识和喜欢廖新学。

其中四幅大型油画：《农民插秧》《渔家生活》《昆明大水灾》《昆明火药库爆炸》，赢得当时昆明各阶层人士的高度赞扬。著名画家姚钟华先生在《关于云南油画历史的概述》中对这批画做了较高评价，他说，廖新学难能可贵的是创作了不少以生活为题的大量作品，可惜这些作品一幅都没有留下来。

当时昆明已搞过一些油画展览，可是像廖新学这样贴近生活、关注民生、热爱自然，充满了生活气息的作品很少，让人耳目一新。这些作品体现了初出茅庐的画家廖新学对本地的重大事件的敏锐感受，他对所描绘对象的观察之细微，想象力之丰富，表现力的强度均达到了一定水准。这次画展，标志着廖新学已由一个手艺高超的以营利为主的艺人，变为了一位有社会责任感，关心人民疾苦的艺术家。廖新学先生的名声一时间传遍全昆明，廖新学成了云南油画艺术的先驱，许多社会名流皆以能得廖新学之画为荣。"美林相馆"的生意变得更加兴旺。

此时身居春城的画家廖新学应该是"春风得意"了吧？可是这位不知足的人，越是取得成就，越是获得周围人们的赞誉时，他越是冷眼看自己，越是发现自己前面还有高峰需要攀登。也许正是这种永不自满，永不知足的精神激励着他不知疲倦地向上攀登。这正是大艺术家之所以能创杰作，小打小闹的人永远上不了台盘的原因！

此时的廖新学在想什么？

他想起蔡贡爷写给他的临别赠言："取法于上，仅得其中，取法于中，不免为下。"

像黄山松一样善于改造并吸取周边一切营养物的廖新学，深感这段话可永远当作自己的座右铭，他觉得现在自己仍然没有正式进入艺术殿堂，还在低层次徘徊，他需要层次更高的老师指引。

徐悲鸿的启迪

据说在廖新学经营美林像馆期间，曾经向昆明美术界的高手学过艺，可是后来为什么又去了南京？

云南艺术学院红帆先生说，当时云南美术界名声最大的莫过于留日学美术出身的李廷英及其开办的云南美术学校金碧美术馆。笔者相信以廖新学对美术狂热地挚爱，拜李廷英为师，受其指导和教育是肯定的。为确证此事，笔者曾专访过云南艺术学院已故院长张建中的老父亲张巨光先生，他曾非常明确地告诉笔者："廖新学由于家庭贫穷，没钱上云南美术学校，只能在李廷英开办的金碧美术馆当学徒学习绘画。"红帆先生还说，云南美术学校还聘请日本雕塑家吉川保正到雕塑研究科任教，廖新学曾拜吉川为师学习雕塑。因此，廖新学在出国前已经具备了西洋造型艺术的基础。[①]

当时中国的美术院校知名度最高的要数中央大学美术系，那里有著名画家徐悲鸿先生任教。1932年底，廖新学抱着"取法于上"的目的，远赴南京，考入了南京中央大学美术系。廖新学在这里找到了中国现代美术教育的奠基者徐悲鸿为师，学习素描，这是他后来之所以成为云南现代美术教育的奠基者所迈出的关键一步。

经过8个月的学习，廖新学在徐大师的指导下系统地研究了素描的造型、结构、明暗关系和透视，画了大量的素描习作。廖新学对绘画有了新的认识，深感自己的绘画水平还远远赶不上西方国家和国内的名师，自己必须深造！他还从精通西洋美术的导师徐悲鸿先生的身上悟出，学西洋美术，最高的"上法"在西洋美术的发源地欧洲，而法国巴黎被称为"艺术之都"。那里有最著名的博物馆，有最好的美术学校。他认准了必须尽快到巴黎学美术。

他把这一想法告诉了徐先生。徐先生对这个来自边陲云南的山里人感到惊诧！起初他听到廖新学讲自己籍贯的时候，还以为自己听错了，他怎能相信云南的大山里能走出素质如此高的学生？居然才进校就能寥寥几笔抓住一个物体的特征！这个学生虽然年龄偏大，貌不出众，似乎有些憨厚，然而，他却是这批学生中的尖子。他发现这个山里人不仅功底扎实，而且非常勤奋、执着，只是他的基础打得很不正规……但是，的确是块难得的"好料子"！他正准备对"这块料子"好好雕琢，让他成为一件"佳作"。没想到，这个年轻人来了不到一年，又要走了，于是他恳切地挽留廖新学。廖新学简要地讲述了自己的牧童经历和20多年来对艺术的追求。婉转地向老师表明自己已是而立之年的人,对徐老师相见恨晚,本想再跟老师多学几年,可惜时不待人,此时出国已经很晚了,如果再过几年,此生就与出国留学无缘了!

一席话,触动了徐悲鸿先生,他从这个学生对艺术的痴迷劲里仿佛看到了自己青年时代的身影,自古"惺惺惜惺惺,英雄惜英雄",让他忆起当年自己迫不及待地渴望出国的心态。于是徐悲鸿转而鼓励廖新学趁早走出去,又关切地问他,出国,语言可是个大难关!怎么办?

在外语的障碍面前常常令许多求知者望而生畏,到此止步。然而,对于廖新学这样的"求知狂"而言,世上无难事。他在无师、无纸、无笔的小镇上都敢于独闯艰巨的绘画艺术之路,怎会被一种外来的语言,挡住视线!

此时他向徐先生汇报了这几年为了通过资料学习美术理论,他基本上闯过了语言关。几年前,他虽然还没有打算出国,但是每周利用几个晚上的时间去投师学习外语,而今他已学会在字典的帮助下阅读法文报刊了。他已经能跟着画册神游巴黎、佛罗伦萨等地,去寻找大师的足迹。

徐悲鸿听了他这席话,对廖新学的好学精神和远见卓识颇为佩服,深信他想做的事一定能够成功,便建议他:"如去法国,最好学习雕塑,中国正需要雕塑人材。"

出国深造是一件难以"心想事成"的事!廖新学,是怎么实现这个心愿的?

关于廖新学留学的几种"版本"

廖新学在许多双羡慕、疑惑的目光注视下出国了!

廖新学能出国留学的确是个奇迹!在许多学美术的人中,为什么那么多手里比他钱多的人,那么多有较好美术基础的人,他们都没有飘洋过海出去留学,反而是这个本来最没有条件的人成功地走出了国门?

关于廖新学出国留学一事,有多种传说,几种版本,有的文章还把这件事说得有鼻子有眼睛。

一种说法讲:1933年,因雷漫天是云南民间的音乐奇才,云南省主席龙云决定公费选派他和美术界的青年画家廖新学到法国留学。他们二人来到香港等船期间,碰上英国有名的一支乐队在香港演出。雷漫天向乐队负责人展示了自己的小提琴技艺后,受到赏识,被重金聘请参加乐队演出。雷漫天留在香港演出,廖新学只好一人前往法国。之后,有关部门取消了雷漫天的留法资格。

廖先生的学生张元真教授等人也认为廖新学是公费留学。然而,廖先生的另一位学生陈廷凡先生在《蜚声国际艺坛的美术家廖新学》[②]一文中则说,廖新学考取了巴黎高等艺术学校后,经济无法支持,写信给云南省政府,才获得了助学金。经笔者查阅有关廖先生的档案,与这一说法吻合,下一章将详述。

廖新学曾为龙云画过像,并因此受到龙云赏识,然而，这样的美术人才为什么没有得到公费留学的照顾呢？

要弄清这个问题，必须回顾一下当时有关留学的规定。在清末至民国时期，为振兴云南、保卫边疆，云南地方财政尽管捉襟见肘，历届地方当局对人才的培养都极为重视，对各种形式的留学活动都积极给予支持。为鼓励更多的人出国留学，于1905年制定了留学生章程：凡自费生考入日本各官立专门大学者，准予改为官费。此章一出，兴起了自费留学日本热潮。1923年云南地方当局改变了对欧美自费生的待遇，给予28个官费名额，规定凡考上指定学校者可以享受此官费补助。甚至没在学校就读，如果确有天赋，也可获得政府资助，这种积极支持，广派留学人员的政策，大大促进了云南地方教育事业的发展，尤其是艺术教育的发展。这种留学办法显然比全部由官府公费选派好，更能让有决心、有真才实学的人获得机会。

廖新学之所以没有等待公费留学的机会，主要是当他正式决定留学时，报考已属超龄青年，且公费留学手续繁多，哪有时间慢慢等待？他自信可以先出去，考上学校后再争取官费补助。

至今介绍廖新学的出生时间仍有两种说法，一种是1900年，另一种是1903年。是什么人弄错了呢？是艺术家本人有意为之。一贯诚实的廖新学之所以如此，乃无可奈何之举，也是情有可原之事。走出国门前的廖新学已有33周岁了！按正常的入学年龄算，大学毕业生毕业时，年龄很少有超过30岁的。徐悲鸿先生24岁（1919年）出国留学，30岁（1925年）时已经学成归国了。

所以年龄对出国留学前的廖先生而言已成一种无法逾越的障碍，即使减去了3岁都还偏大。廖先生当时在人们心目中已是事业有成，小有名气的画家，而且已经30多岁，照常理该是坐享其成了，可是他还有更高的追求。永不自满，不断创造条件进取，这正是他能成为杰出人物的重要原因之一，只有超常的人，才能做成超常的事。出于无奈，一贯诚实的廖先生痛苦地造了次假，把年龄少报了3岁。③

其实为了避开报考学校的年龄限制，不少有志于到国外深造的人都曾经这样做。与廖新学同年到法国报考巴黎高等美术学校的滑田友，到巴黎时已经33岁了，是徐悲鸿建议他隐瞒10岁以便正式入学，才考取学籍的。④

自费留学谈何容易！他的美林像馆虽然人气较旺，可是他没有一心扑在钱眼上，他的心思大半放在艺术上。过去受老板约束，必须循规蹈矩地上班，自己当了老板则不愿再那么规规矩矩。他出去写生时，着了迷常常忘记吃饭，晚上搞创作可以熬到深更半夜，不免误了一些生意。赚了钱，他大方地花出去买绘画材料与参考资料和定期接济自己的兄弟，加之出国的念头是到南京跟从徐悲鸿先生后的"突发奇想"，所以没有早做准备。当时的廖新学，要凑这笔旅费加学费确实艰难。

他的恩师李鸣鹤曾知道他出洋有困难，坚持要送他一笔钱，他无法推辞，只得接受了。可是东拼西凑仍然凑不够数。正在他焦虑得茶饭不思时，遇上了"及思雨"，杨竹庵先生上门相助。此人是时任师长兼云南省财政厅长卢汉的副官。杨副官曾请廖新学给他画过像，对廖新学的画技和人品都十分赞赏，两人情投意和。此时，他得知廖新学出国深造，盘缠不足而茶饭不思后，亲自登门鼓励他出国求学，还解囊相助。廖新学感动得热泪盈眶，不知说什么好，立即拿出几幅得意之作相赠，以表谢意。

据笔者的同学，画家刘宗骐说：为筹集旅费，廖新学还回到家乡富民。蔡贡爷家对面有位县里有名的大盐商，喜行善事，此人即刘宗骐的外曾祖父刘正源。廖新学拜见刘老板后，讲明自己急等筹集旅费的事。刘正源是看着廖新学长大的长辈，他对廖新学的身世非常同情，对他的志气也很赞许，二话没说就送了他一笔钱，让廖新学感激涕零。之后廖新学学成归来后，刘宗骐之父刘秉钧少年时已迷上画画，此时已有一定基础，曾经常到"新云南像馆"求教于廖新学，得到廖新学的尽力点拨，可称廖氏私传弟子。之后画家刘秉钧进入昆明市美术服务部从事绘制大型领袖像的工作。刘宗骐年少时学画又深受其父影响。

由于画家廖新学当时在昆明已有一定知名度，所以他欲赴巴黎留学深造旅费不足的事，还传到了云南的几位社会名流耳中，于是廖新学又获得了几份赞助，时任省政府顾问的教育家董泽也是赞助人之一。董泽一贯热心发展云南的教育事业，曾倡议创办东陆大学（云南的第一所大学），并任首届校长，之后又创办了云南第一所美术学校。此时他虽然已御去云南省教育司司长之职，仍然关心发展云南的教育事业，积极扶持求学者。董泽出于对这位牧童出身的画家的勤奋、刻苦学习精神的赞赏，而慷慨解囊。知恩必报的廖新学在留法期间特意临摹了一幅19世纪西班牙著名画家委拉斯凯兹的油画《镜前的维纳斯》寄回昆明赠送董泽。1948年，廖新学归国后，董泽的长子董坤维又拜在廖新学门下学习美术。蒙廖新学精心教诲，并推荐其从事美术工作，之后董坤维成为了云南极富盛名的工艺美术家、画家和著名教师。由于这层关系，董坤维先生与廖新学先生私交甚深，他们之间无话不谈，从廖先生的牧童生涯到留学岁月的大事小事都不忌讳。⑤笔者早年有幸在董坤维先生执教的昆明市艺术学校美术班学习，离校后数十年来一直经常看望董先生，所以不仅直接受董先生教诲，还间接了解到廖先生不少鲜为人知的的人生经历的细节。

廖新学得到多人相助后终于凑足了去法国的旅费，于1933年初夏，他将"美林相馆"交包世杰一人经营，然后由昆明乘飞机到南京办理出国护照。当飞机升到昆明上空时，看着脚下的锦绣河山如此壮丽，感慨万千，既喜悦兴奋，又依依不舍。熟悉的故土渐自变得朦朦胧胧……廖新学不禁又热泪盈眶。廖新学对自己说：这只是暂时的远离，他将很快学好本事，返回故土，回报这片生他养他的地方，回报这些真心爱他、抚育他成长的师长、亲朋。他自离开富民后曾多次请李锅头给他弟弟和帮助照看弟弟的亲戚朋友捎过钱和礼物，也给周老师和蔡贡爷写过信并赠送过礼物。他还告诉蔡贡爷、李师傅和杨副官待到海外学好手艺后，要为他们画一张更好的肖像。

　　廖新学来到南京，申报办理完护照后，立即到中央大学向徐悲鸿先生辞行。徐先生得知经济并不宽裕的廖新学居然不顾一切准备自费留学，十分感动。他对廖新学叮嘱了许多有关到海外的体己话后，立即写介绍信，让他到巴黎后，先去找旅居巴黎的唐筱鸣先生，请他提供帮助。又介绍他认识自己的学生雕塑家王临乙先生，王临乙留法时曾师从法国大雕塑家布歇（又译作朴舍、甫雪）学雕塑。王临乙写了一封介绍信给在巴黎高等美术学校任教的布歇教授，请求对廖新学给予关照。廖新学含泪与恩师依依不舍地告别。1933年5月下旬办好了出国护照，廖先生由南京转到上海坐邮轮赴法国。

名震海外

　　廖新学在巴黎的初期，精神遨游于艺术天堂，物质生活却坠入地狱之中。他在巴黎是怎样熬过十五年的？在这期间他创下了太多的奇迹：他曾经一日一餐，吃上顿，没下顿，曾经被同学视为画画的机器人；曾经忘记订婚的宴会；曾经夺得九个沙龙大奖；曾经作为新闻人物上过百余次报刊。最后他从地下室登堂入室，有了工作室与模特。廖新学在有意与无意中充当了"文化大使"，输出了中国文化，输入了西方文化。

第一个洋买主

邮轮在汽笛声中驶离上海港，雾霭中的外滩钟楼越来越模糊了。

开始走向梦寐以求的艺术殿堂的无限喜悦，与孤身一人离开亲切的祖国母亲的难以割舍的依恋之情，让廖新学这个自小再苦也不轻易掉泪的硬汉子，眼睛又湿润了……

海，湛蓝湛蓝，风平浪静，无边无际，在海天交接处那淡淡的一抹稍深的水色，把这两个融为一体的无限的蓝区分了一下。在这天地一体的空间里，廖新学似乎不再感觉自己的存在，宛如已同这天、这海融为了一体。忘却了尘世间的纷繁搅扰，洗去了心间的浮躁悸动。

卢梭号邮船乘风破浪西行。

这艘从上海出发的远航邮轮途经香港、越南、新加坡和也门驶入红海，再经埃及苏伊士运河、地中海等地抵达巴黎。沿途港口多有停留，被好奇心所驱使的廖新学一直兴致勃勃，，一拢码头就上岸观光，增长了许多见识。在漫长的航程中，不少游客连续看了几天海景就腻了，觉得除了天就是海，除了海就是天，除了蓝色（晴天）就是灰色（阴天），所以大部分旅客躲进了船舱去打扑克。

难得见海的廖新学，始终被海博大的胸怀吸引在甲板上，作为画家的廖新学，正好利用这个很好的天然课堂"读海"，他读出了海的性格、品质，还透过人们认为的

"单调"，读出了它的丰富多彩，变幻万千。廖新学每天都很忙碌，他画了多幅不同时间，不同气候的海景。海的晨曦，给人无限憧憬的朝霞；海的午后，明媚的阳光，给人周身温暖；海的傍晚，壮丽的晚霞，给人充实的满足。他发现这"海天一色"的海，其实色彩十分丰富，且瞬息万变。它由各种各样的绿与蓝：深绿、浅绿、黄绿、翠绿、墨绿、深蓝、浅蓝、灰蓝、墨蓝；各种各样的黄与红：橙黄、玫瑰红、紫红等等色彩不停交替、融汇、变幻成为海的色彩。他画了睛空万里，白云悠悠，微风习习的波澜不惊的海；他画了乌云密布、狂风大作，白浪滔天的海……

在这个天然课堂里，有拿钱都雇不到的模特们天天殷勤地轮换为他摆姿式，让他的速写本上留下了不同肤色、不同性别、不同年龄、不同身份的形形色色的旅客形象。还有成群的天上来客——海鸥与人嬉戏、共舞，姿态优美，气氛热烈。

一天，廖新学在甲板上挥笔即兴画海。画面上碧蓝的天空飘浮着几朵彩云，海水在阳光映照下晶莹透明，绿色、蓝色交织、融汇十分迷人，朵朵浪花由远而近滚滚而来，欢乐的的海鸟，似银白色的精灵翩翩起舞，追逐着波涛。远处一艘货轮在破浪前进。他画画时已习惯被人围观，身后一位瑞典旅客，一直全神贯注地追踪着他的画笔，画近尾声时，这位"老外"情不自禁地直叫"OK"，他坦言十分喜欢这幅画，希望出五百法郎（欧洲经济危机时期，这个价不算太低）购买收藏它。大多数艺术家对作品能否得到观众的好评，都非常在意，这对刚走出国门，尚未去到"西天"取到"真经"的廖新学而言，得到一位来自西方的先生赞赏，当然分外高兴。不善经商的廖新学，虽然经济拮据，没有乘机抬价，当即同意满足他的要求。

这是他向西方人卖出的第一幅用西洋画法画的风景画，这无疑是个好的开端与预兆。然而，也许他来的不是时候，这一时期西方世界遇上了历史上罕见的经济危机，百业萧条！

天堂与地狱

在海上航行了40多天，廖新学终于在1933年7月抵达法国。

到巴黎后，廖新学首先去找旅居巴黎的唐筱鸣先生。他按照徐悲鸿先生信封上的地址向当地人问了几次路，只因他的口语不标准，所以沟通颇费周折，还被人误导入另一条发音相近的街上，虽走了点冤枉路，不过还是费时不多就找到了唐先生。廖新学向唐先生说明来意，唐先生打开徐悲鸿的书信看完后，热情地接待了廖新学。廖新学又扼要地向唐先生讲述了自己的身世及学画的经过。唐先生赞扬了他的刻苦精神和毅力，说："徐先生的建议很好，首先是考学校，然后争取入选沙龙。"

唐先生的客厅不大，一个长沙发和一个大茶几几乎占据了大部分空间，给廖新学留下深刻印象的是墙上挂着的字画。一面墙上悬挂着一幅风景油画，塞纳河畔的埃菲尔铁塔。画面清新，色调柔和，用笔十分潇洒。

另一面墙上是两幅书法作品，一条上书：

我越观光别的国家，越热爱自己的祖国。

这幅似颜体的楷书，写得端庄厚重，力透纸背，是法国大文豪司汤达的语录。

另一横幅上书：

会当凌绝顶，一览众山小。

这幅行书似书圣王羲之的风骨，写得龙飞凤舞，意气风发，与中国"诗圣"杜甫《望岳》诗中抒发的豪言壮志十分吻合。

廖新学觉得这两幅字仿佛是专门为他写下的座右铭，一瞬间竟深深地刻入了他的脑海之中。之后无论他走到欧洲的何地，第一段话就会在眼前涌现；无论他遇到什么挫折，第二段话就会在眼前跳出来。

唐先生又热心地帮廖新学找住处，经济危机中的巴黎，对穷人简直是"雪上加霜"，较讲究的住房房租都下跌了，可是条件最差的住宅，有的反而上升了。原因是此时穷人的比例不断上升，所以对质量低劣的廉价房需求量不断增加，让劣质房成了紧俏货。唐先生通过广告帮他找了几处住房，尽管房子既不宽大，也不华丽，他都支付不起房租，找来找去，最后租了一间最廉价的地下室居住，同时还作为画室。唐先生心酸地说："这样的地方怎么住，你还要画画！"

廖新学说："唐先生，谢谢您的提醒，这点苦不算什么。我是苦命人，从小靠不着父母，比这苦得多的日子我都熬过来了！"

唐先生沉默了，从心里佩服、同情这个年轻人。

安顿了廖新学的住处之后，唐先生又热心地带领廖新学去巴黎高等美术学校拜访在该院雕塑系执教的大雕塑家让·布歇教授，了解报考学校的事。布歇教授告诉他，因为世界各地的考生来这里报考，所以入学的门槛很高，希望他明年初榜上有名，万一考不上，可以先到他的工作室进修。

廖新学初到巴黎的岁月，可谓精神世界已步入天堂，在巴黎他大开眼界，经常沉醉于米开朗基罗、罗丹等大师们的杰作前与巨匠们"对话"。可是物质生活却临近地狱，本来画室需要采光好，可是法郎有限，廖新学只得蜗居于地下室。需要不分昼夜地点着灯，可是又交不起那么多的电费。他只有向喜欢在户外作画的印象派[6]学习，白天尽量到户外写生，不到天黑不归家。

天气不太冷的时候，廖新学几乎整个白天都在户外画画，到博物管临摹，到广场画速写；夏天无电风扇，酷暑还好对付，穿着裤叉并不影响画素描；可是寒冬腊月无暖气，巴黎的冬天可不像昆明那么温和可以咬咬牙顶过去，动不动就下雪，裹着被子可不好画画！在户外画画，不仅行人稀少，而且天黑得早。为了尽快提高画技，廖新学只得离开这个廉价的黑房子，由地下室"一步登天"，去住顶楼。顶楼是穷画家们的最佳选择，采光很好，而且房租便宜。只是冬天冷，夏天热，不舒适。著名画家徐悲鸿留法时也曾经长期在阁楼上"居高临下"俯视巴黎城。

巴黎人虽然性格外向的多，可是邻里之间，不经邀请，从不串门，"鸡（猫）犬之声相闻，老死不相往来"，所以，不少留学或旅居国外的人，都诉说过独居异国他乡的难耐寂寞。然而，对廖新学而言，白天黑夜都忙得不可开交，哪有闲暇来"寂寞"！

廖新学住的洋房不舒适，吃的洋餐更不爽口。西方人做早餐的面包既不放糖，也不加盐，常配奶油、果酱、咖啡和牛奶等佐餐。可是这些配餐、饮料、廖新学可奢侈不起，如果吃午餐和晚餐就更讲究了。所以"廖式西餐"，常以光面包或煮土豆为主，如此简陋还不能保证每日三餐，有时只能中午吃一餐管到晚上睡觉。廖新学常常左手拿着土豆在啃，右手捏着画笔在画。

沉醉在卢浮宫

廖新学把简单的行李搬进地下室后，就迫不及待地去神交多年的卢浮宫"朝圣"。

卢浮宫博物馆，位于巴黎市中心的塞纳河北岸（右岸），始建于1204年，历经800多年扩建，而今是世界上最著名的三大博物馆之一，其艺术藏品种类之丰富、艺术价值之高令人难以想象。博物馆收藏的艺术品已达40万件，其中包括雕塑、绘画、美术工艺及古代东方、古代埃及和古希腊、古罗马等7个门类，分别在6个展馆中展出。

几个世纪以来，卢浮宫一直像磁石一样吸引着全世界的艺术爱好者，多年来也一直牵系着这个远在大洋彼岸的廖新学爱美的心，如今这个虔诚的朝圣者终于走进了这座艺术的圣殿！

卢浮宫观众如潮，展厅内无数的珍宝在争夺眼球，廖新学被惊呆了，只恨爹娘没给自己多生几双眼睛，如果想每幅画多看几眼，也许一个月都不够。他决定先看个大概，在"走马观花"中找重点。当他与《蒙娜丽莎》相遇时，她离廖新学如此之近，近得似乎可以听到画中人的呼吸。廖新学凝眸重新琢磨这谜一般的微笑，在这幅名画之前，不论从哪个角度看，她那温和的目光总是微笑地注视着你，生动异常，仿佛她就在你身边。廖新学觉得要吃透这幅神奇的画，一定要找时间把这幅画临摹下来。可是一看，这个念头无法实现，因为这幅画较小，旁边几乎随时都有人在围观，可以说进入馆中的观众，也许会忽略全部展品中的百分之八十不看（来不及细看），但绝不会有人对《蒙娜丽莎》只看一眼就匆匆走过。

在雕塑馆里，廖新学再次被镇住了，这些石雕的人像仿佛都有生命一样，一个个栩栩如生，欧洲的雕塑太美了！让他由衷佩服徐悲鸿先生的建议："中国正需要雕塑人材。"

在众多的雕刻作品中他找到了另一件"镇宫之宝"，在一个阶梯前，层层人群中傲然立着一座"昂首船头"的雕塑，这就是古希腊的《胜利女神》，高达3.28米。女神的头和手臂都已丢失，但仍不失为古希腊雕塑的杰作，令他惊叹公元前就能产生这么绝妙的作品！

廖新学还找到了自己画过多次的最熟悉的美女——古希腊的著名雕像米罗的《维纳斯》。维纳斯是罗马神话中的爱神与美神，以美丽著称。雕像高达2米，亭亭玉立、端庄典雅。虽是大理石雕像，但肌肤却犹如真人一般温暖细腻。仰望这尊身材完美无瑕的雕像，令他不禁为这精妙绝伦的雕刻技巧赞叹不已。

在"洋"中求"土"

为了学习西方大师的技巧，廖新学多次一大早就到卢浮宫中参观临摹名画，每天的午餐就带一瓶冷水两个光面包。一去就是一整天，从开馆进去，不画到闭馆不出来。

盛夏的天亮得早，电车上乘客还不拥挤，车厢中的几丝香水味，令廖新学忆起上海。窗外闪过的埃菲尔铁塔，提醒廖新学，此时他是在世界的花都。廖新学朝思暮想要留洋，可是到巴黎已近半年，天天闻着浓浓的香味，可他骨子里依然保留着浓浓的"土气"，他认为这是自己的"本性"，怎么能改？所以后来在香气里熏了15年，回到昆明后人们发觉他身上仍然有"土气"，因为这"土气"保留在他的骨子里。

这个以豪华、奢侈著称的"花都"，此时正被经济危机折腾得失去了往日的生气。廖新学听说西方世界出了很多怪事：有些牧场主的牛奶卖不掉，因为城里大量的失业工人喝不起，被一桶桶倒入江河之中；工厂主生产的日用品卖不掉，因为乡下的农民买不起，被大量压碎成垃圾。为什么如此之怪？这些有产者宁愿毁掉这些财富，也不愿"烂价"，否则影响他下一步的销售。

香榭丽舍大街是世界上最具盛名、最繁华的街道，是欧洲繁华都市的缩影，"香榭丽舍"，法文为"极乐世界"或"田园乐土"之意，这里空气里都弥漫着香气。可是在香榭丽舍大街旁，廖新学多次见到拖儿带女的穷人在乞讨或刨垃圾……他发现原来这"极乐世界""田园乐土"并不属于所有人，其实只是有钱人的天堂。

廖新学在卢浮宫中观摩了多次名画，从数十万件名作中选中了《拾穗》《晚钟》《乞丐少年》三幅画来临摹。他为什么特别欣赏这三幅画呢？

一走进卢浮宫，廖新学就被这名画的"海洋"镇住了，对宫中所藏美术品可谓无所不爱！之后，缓过神来，才发觉虽然绝大多数作品的技巧都很高，都可以作为学画的蓝本，然而，他对大量充斥于画面的圣母耶稣，王公贵族，贵妇美女之类的题材兴趣不大。其原因除了廖新学生于中国，东西方文化背景不同外，主要的是廖新学从小生长在社会底层，这些颂扬统治阶级与上流社会的作品丝毫也不能引起他的共鸣。

《拾穗》让他倍感亲切，描绘的是麦收后的土地上，三个农妇正弯着身子细心地拾取遗落的麦穗。在她们身后是堆得像小山似的麦垛，显然不归她们所有。为了全家的温饱，她们怀着对每粒粮食的感情，不辞辛苦地拾着麦穗。其中一个较老的农妇显得疲惫不堪，将左手撑在腰后，来支撑身体的力量，显出似古典雕刻一般的庄重美。《拾穗》是米勒的代表作，从这幅画上可看出米勒对劳动人民疾苦的深刻理解与同情。这幅画在沙龙展出时曾受到资产阶级评论家的攻击。另一位评论家朱里·卡斯塔奈里为此画辩护说："现代艺术家相信一个在光天化日下的乞丐的确比坐在宝座上的国王还要美……主人满载麦子的大车在重压下呻吟时，我看到三个弯腰的农妇正在收获过的田里捡拾落穗，这比见到一个圣者殉难还要痛苦。"这位评论家说出了廖新学心里想说，而没有找到机会说的话，引起了廖新学强烈的共鸣，这个昔日的牧童亲身感受过农业劳动的艰辛和饿肚子的痛苦。

廖新学还临摹了米勒的另一幅知名度更高的名画《晚钟》。此画表达了米勒对农民艰难生活的深刻同情和他对农村生活的特别的挚爱。廖新学虽没有皈依基督教，但是，他和这对贫困的夫妇心灵相通，他们都生存于贫困之中，期盼着明天更美好。

19世纪法国现实主义大师米勒是农民的儿子，曾种过田。米勒到巴黎学画时，同画室的学画者都是城里人，他显得很"土气"，因此受到老师和同窗的蔑视，被同学们称为"山里人"。为此他在这里待的时间不长，就离开了。之后他把卢浮宫当作学校，以米开朗基罗、普桑等大师的作品为师，博采众家之长。所以米勒特别爱卢浮宫，他曾说：巴黎是一个杂乱荒芜的大沙漠，只有卢浮宫内才是世界艺术的"绿洲"。当廖新学了解了米勒的身世后，他更是把这位异国大师视作知音与老师，终身不忘。

廖新学临摹的第三幅画是西班牙著名画家牟利罗的《乞丐少年》（又译作《被阳光照射的乞丐》）。牟利罗是17世纪下半叶西班牙美术史上的一位重要代表，15岁时便失去双亲，成了孤儿；而且还有弟妹，靠他抚养。他从小就显示出绘画才能，靠卖画为生。后来到首都马德里后逐渐成名。牟利罗有许多作品都是描绘儿童、乞丐、流浪者和农夫等下层人民生活。他绘画技法精湛，对色彩和光线掌握极佳，使得画面呈现出柔和甜美的抒情感，具有鲜活的个性和真实感。

嗅觉敏锐的廖新学从两位异国大师身上看到了自己的身影，嗅到了一些"土气"，这是"同声相应，同气相求"！米勒出身农民，身上有"土气"，廖新学也是出身农民，身上也有"土气"。牟利罗从小便是孤儿，廖新学也是这样。一个画家的出身经历对其创作的作品题材，表述的主题思想、感情有着难以磨灭的影响。

为画好这三幅画，廖新学起早贪黑，在卢浮宫中充满激情地奋战了许多时日。正是通过画这三幅画，使廖新学在思想、感情、立场、观点、艺术技巧等各方面，全方位地有了明显提升。

他从"洋画"中发现了"洋画"的产生，依然离不开乡土气，这一艺术源于生话的真谛。他从"洋画"中学到了油画的基本技法，他发现在他出国前昆明画馆中时兴的所谓"油画"并不正宗，一般色彩都涂得很薄，画面十分光滑。

这天廖新学继续临摹的画是《拾穗》，当他画到那位疲惫不堪较老的农妇时，感到自己也疲惫不堪，需要休息与进餐了。可是翻遍袋子里面竟没有面包，只有一瓶水。原来是昨晚睡前，怕老鼠偷吃，又把它放到了橱柜里，今天忙着出门就忘记了。此时肚子在咕咕叫，想出去买吃的，又费时间，而且门票也没有保存，重新进来又得再买，他已经买过十多次门票了，这笔费用可不小啊！于是扬起脖喝了一气凉水，权当吃饱喝足了，继续拿起画笔。廖新学这个人从自己开画馆以后，就养成了一个习惯，只要画得着了迷，就忘记时间，忘记自己身在何处。因为这个习惯，对预约画像的顾客曾经因迟到而废过生意。此时他仿佛进入了画中的"角色"，那是年幼的他和母亲在稻田中拾谷穗……当时他也是饥肠辘辘，童年的苦难生活似电影镜头般在他脑海中闪过。一直饿着肚子的廖新学，直画到光线渐暗，馆中参观者几乎绝迹，才想到该收"摊"了。正在手忙脚乱地收拾调色板时，馆内的一位小姐，已走过来客气地催他闭馆时间到了，他只得赔着笑脸，行礼道歉，加快动作。

之后，廖新学将所临的三幅名画，于1935年2月，请回国的绳祖先生带回昆明，向云南省主席龙云汇报学习情况。在旅居海外的漫长岁月中廖新学还临摹过安格尔、鲁本斯、德加、德拉克洛瓦等许多大师的绘画作品，可谓廖新学博采众家之长，最后较全面地继承了现实主义大师们的优秀传统。至今云南的一些画家还在赞叹廖新学的油画很正宗，让他们望尘莫及。

自费留学的艰辛

1934年初，廖新学收到一封盼望已久的国内来信。他十分高兴地打开信，顿时似一个晴天劈雷，让他愁眉不展。

1933年10月，廖新学作为旁听生进入了巴黎国立高等美术学校（近年多称巴黎国立美术学院，该院一直都属大学）学习。此时他从国内带来的旅费已经不多，正盼望得到"美林像馆"合伙者包世杰的接济，谁知信中说，因昆明经济不景气，像馆实在无法维持，已经关闭。出国前廖新学曾盘算好，如果像馆经营得好，大体能支撑他在考取学校前节衣缩食补习功课的费用。待正式入学后再按规定向省教育厅申请补助就轻而易举了，没想到"美林像馆"倒闭得这样快。法国生活费用高于国内数倍，怎么办呢？在国内他也没有亲属可以依靠，陷入绝境的他，无可奈何，只有硬着头皮向云南省政府写信求救。

现有资料已找不到廖新学所写的这封信的内容，我们从云南省档案馆中查到了1935年他写给省政府和省主席龙云的第二封求助信和此后的数封求助信的影印件。透过这些信件，让我们真实地看到了廖新学1934年至1940年在法国留学期间，如何在省政府的资助下渡过难关的详情。现将这些信的部分内容公布于下。

　　龙公主席钧鉴：

　　久未问候，殊多为念！去岁呈上一函想荷洞悉，学自前年来到法国，均惠心追求学业，未敢偷息，惟因学费无着，生活时欠安定，于学业，深受影响。去岁幸蒙主席俯允补助二千现金，自兹以来，生活赖以维持，遂得专心致力求学。半年以来成绩尚好，所作绘画雕刻本年初春均幸入选法国里昂春季沙龙及巴黎春季沙龙。学校教室考试名列第三，并在博物院临得名画数幅，二月初绳祖兄回国，以托其便，带所临名画三幅，名作放大照片四件，代敬呈主席及卢师长，此时想已蒙收到。

　　学现在法工作正到重要时期，如不遭意外阻隔，则多则三年，少则两年竭个人之愚，当可升堂入室，自信必有所成。但迄今日生活又重起恐慌，经济中绝，寸心焦焚，如就此学业中断，则生平奋斗辛苦，将成功亏一篑！所抱希望亦归画饼。本来学乃一放牛牧童，凭十七年之刻苦奋斗，得有今日，已成意外，既得海外留学，夫复何恨之有！不过窃以区区之愚，虽不甚才，尚粗明为人之大意，且古人云：学无止境，故忘身忘家，务求深造所学。前在未来法时，虽知艺术世界各文明国家之价值，但尚不知各文明国家之艺术地位竟如此之高，影响于社会文明，国家民族之深，如此其厚！使学不胜其惘怅，而前进追求深造之念油然不止，但以学之身世既贫且窘，友朋又稀，且皆无力清夜计及。……学此时已至绝境，除主席外，无援我者，学不敢奢望，但恳求主席为之设法，每月赐补助八百佛（法）郎，能期以最少两年。则学得有稳定的生活，则将来无论如何当必有以报命，而尽心力为我云南服务也！在本年秋季，拟正试习雕刻大理石，将来可就我滇所产材料为谋本省一部分之利益。意大利年销大理石其数颇巨，吾国亦向意购买，甚可惜也。

绳祖兄不久即可到滇，学在法工作情形当必代详细呈述，谨此敬布，微忱顺祝

主席钧安。

民国二十四年（1935年）三月二十九日

廖新学谨呈于巴黎

从廖新学给省政府的第二封信中，可知，他的第一封信，收到了预想的效果，得到了新币二千元的补助。1934年他尚未正式考取巴黎国立高等美术学校，为什么能顺利申请到补助呢？

因为他当年为省主席龙云画过像，龙云赏识他的绘画才能，所以特殊照顾他吗？不完全是这个原因，得到补助的关键因素是廖新学的情况符合当时留学海外的官费补助政策。其规定是，除在国外考上指定学校者可以享受补助外，没在学校就读，如果确有天赋，也可获得政府资助。当时省政府这个政策比完全由官方点名的公费留学，更利于优秀人才的成长。

廖新学的第二封信发出后，又盼来了佳音。省政府秘书处函告他："省政府议决该生研究美术可嘉，应再由教育经费项下一次发给补助费新币二千元，又教育费项下领有津贴留法之骆淑英，应自回国之日停发津贴，移转发给该廖新学领用以完造就。

民国二十四年（1935年）四月三十日"

　　这个决定让身处异国，无路可行的廖新学喜出望外。收到第二笔补助费后，廖新学于同年7月，分别给省政府主席龙云和秘书处复信（第三、第四封信——作者注）表示感激之情，汇报自己的雕刻绘画又入选巴黎春季沙龙作品七件，并被选为法国国家春季沙龙会员（每年只取六人）的喜讯。

　　好事多磨，如果廖新学顺利领到由骆淑英项下转发给他的津贴，那么廖新学从此生活可以高枕无忧了。可是，廖新学从春天盼到秋季，一直等到11月份，都未领到转发给他的津贴，反而等来了一个坏消息，大概是昆明的朋友寄来一份民国二十四年（1935年）八月十八日的《云南日报》，让廖新学的心重新悬了起来。他越看越疑惑。原定自民国二十三年（1934年）四月骆淑英回国之日起，即将此项津贴照数转发给廖新学。报上却说，现按新规定，原发骆淑英的津贴须至民国二十五年（1936年）十二月底起再转发给廖新学，照此规定则廖新学1936年12月底以前的生活便没有了着落。

　　1935年11月，廖新学发出第五封信给省政府，信中恳请按原议发给津贴。

　　可是发信之后，久久未收到津贴，他这段时间怎么生活、学习呢？1938年3月衣食无着的廖新学又给省府龙主席写了第六封求助信。"去岁罗侠斋、张韵壁两女士回国以托其致谢座右，并请代述学在法一切情形。昨接两女士示已蒙主座俯允继续赐予接济，以使完成，热望之余，中怀感谢，学前已蒙主座两次俯允补助，又承永衡师长两次厚赠栽培，如此受恩深重，中心难昧，只有自激自励，坚决努力，务求学毕归国效命，以尽国家之义务，再报培植之惠德，学自来法国所习各项工作成绩俱不落后，雕刻绘画数次入选巴黎春季沙龙，去岁六月十四日，获得沙龙之荣誉奖，同时雕刻入选巴黎博览会后，向法国外交部请求补助一年津贴，承李石曾先生之为力，于去岁十二月已得允许月给津贴六百五十佛（法）郎，以作食住之费，本年生活赖此维持。学于一九三五年二月二十八日，以第二名考为法国国立巴黎美术学校（即法国国立巴黎美术学院——作者注），正式学生。此校地位甚高，颇不易取，来自中国人考取者，先后共有五人：徐悲鸿、王临乙、郑可、滑田友、廖新学（潘玉良1923年由里昂美专转插于该校）。故学决意坚（持）到底以达最后之目的，今特呈函及学校成绩证明书，沙龙入选各照片奖状等请示于主座之前，恳祈设法赐予接济二年以使继续完成学之最减生活费，食住五百佛（法）郎，工作材料费及学费三百五十佛（法）郎，每月约八百五十佛（法）郎，在此二年中间，除学校课外能作雕刻四件，能在博物院临名画八件。学现有之能力，除雕刻绘画外，能改良各种工艺。"

信的末尾，廖新学再次恳请省政府再接济两年的最低学费和生活费，以使其继续完成学业。

廖新学所言，上述考入法国国立巴黎美术学校的徐悲鸿、王临乙、郑可、滑田友等四人都非同小可，都是著名美术家。徐悲鸿是闻名中外的美术大师不必多言，其余三人都是中国现代美术界的重要人物。王临乙是中国现代雕塑艺术和现代雕塑教学的开拓者之一，曾任中央美院教授、雕塑系主任。郑可为著名工艺美术家，中国工业设计奠基人，中央工艺美术学院教授，中国美术家协会顾问。滑田友曾任中央美术学院教授、雕塑系主任，全国城市雕塑艺术委员会委员，中国美术家协会理事。这三位美术家留学时在艺术上虽然都有较高造诣，但所得的奖项都没有廖新学多，然而，他们回国后都担任了重要的职务（而回家乡的廖新学，因云南偏僻，发展的机会不如这三位）。由此可以看出廖新学在法国留学期间的勤奋学习与艺术造诣都不亚于他们。

如饥似渴画画的廖新学，并没有"两耳不闻窗外事"，他虽远在大洋彼岸，仍心悬故国家园。1938年日本法西斯大举侵略中国，廖新学了解到"国难日急，滇省已成抗战中心"。1938年12月和1939年12月，他两次写信给云南省政府，在信中明确表示："新学等虽求学海外，亦追随国人共负应尽之责，以达最后胜利之目的。"在1939年12月廖新学的信中忧国忧民之心更强烈，他表明："俟学课完毕，当从速归国效命，座右以报培植之至意！"

1939年廖新学已完成绘画学业，学习雕刻也即将结束之际，祸不单行，在廖新学对祖国受蹂躏正心急如焚之际，魔头希特勒又在西方点燃了战火，德国法西斯的铁蹄已逼近巴黎，海外赤子廖新学向省政府汇报说："此间欧战虽起，三月学校照常上课，但已指定迁移地点，必要时即将迁往也。"

云南省主席龙云在战乱之中，仍没有忽视教育，没有忘记留学海外的学子，廖新学在1938年得到云南省政府补助的国币2000元，1939年又得到8795法郎。廖新学对此刻骨铭心地感激，他在信中写道："处此严重时期，新学蒙省府、主座重加体恤，先后给予三次之补助，如此受恩深厚，中心难昧，当知奋勉完成学业，将来效命于国家社会，不负省府、主座培植之至意也！"（1938年12月24日信）

此后廖新学给云南省政府的信一度中断。档案中仅有民国二十九年（1940年，此时德军即将占领巴黎）廖新学给富民县政府的求助信，信中他先汇报了出国留学七年来获省政府赐给助学金，得以完成学业，在即将毕业前他盼望立即回到祖国的怀抱。他在信中写道："本年七月十日，可告完毕，即拟收拾回国，服务社会，惟缺乏川资启程为艰，特上函恳请由地方学款项下筹给回国旅费，法币八百元，或由昆明购买三等船票一张，由航空寄来，俾得早日归途而免意外，实深感盼。"富民县政府无力解决，乃将此信转呈云南省教育厅。民国二十九年七月二日教育厅将此函转呈省政府主席龙云审批。同年八月十九日龙云命教育厅"从教育经费项下补助廖新学回国旅费国币二千元。"

廖新学毕业前申请补助回国旅费，仅提出给法币

800元，然而，教育厅长龚自知呈龙云函请给予"从优资助"，龙云虽在抗战的困难时期，仍然对海外学子十分体贴，慷慨批给国币2000元，折合法币为9700法郎。1940年中国与法国都在第二次世界大战的硝烟中，这笔款是否收到，档案中未见有关资料。

廖新学自1933年6月出国，五年半时间共获三次津贴（每次2000元可供一年学费与生活费）。其中一年因获大奖，得到法国政府补贴。可见其求学期间，常有后顾之忧！

1941年后世界大战的烽烟在欧、亚、非到处蔓延，全世界的正常秩序被完全打乱。毕业后，已经收拾好行装的廖新学，多次去买船票准备回国，都因日军控制了东南亚海域，来往邮船中断，而无法实现。他只好羁留巴黎，廖新学与祖国的联系中断了若干年，直至1948年才归国。这七八年中，档案中没有留下他请求资助的信函，他是怎样谋生呢？且看下文。

到意大利"朝圣"

1935年2月，廖新学以第二名的优秀成绩（第一名也是中国人，名滑田友）考入法国国立高等美术学校雕塑系。

巴黎国立高等美术学校位于市中心，在塞纳河左岸的波拿巴路上，波拿巴路又有"画廊街"之称，因为这条街上几乎是画廊"一统天下"。塞纳河两岸的美术学校与卢浮宫几乎是隔河相望。学校的大门流露出浓浓的艺术气氛，两侧立柱上雕刻着两位美术家的像，像雕得十分精美，校园内是碎石砌成的地面，高大的主体建筑上装饰着精美绝伦的浮雕。

廖新学很幸运刚进入这座学府当旁听生不久，就实现了一次梦寐以求的艺术朝圣之旅。

当年在巴黎美术学校的学生们心目中，似乎一个学习美术的人，不去文艺复兴的发源地意大利参观，犹如一个虔诚的伊斯兰教徒，未去过麦加朝圣一样。

廖新学对艺术女神的虔诚，我们从他的牧童时代到海外留学所走过的人生足迹中，已经深知其是何等狂热。所以来到巴黎后的廖新学在卢浮宫中陶醉之后，就顺理成章地渴望到文艺复兴的发源地意大利去"朝圣"，这一决心犹如当年他并不富有，却不屈不挠地坚持自费到法国留学一样，坚定不移。

令人难以置信的是廖新学去意大利的"朝圣"之旅，不是在他拥有画室的经济宽裕的年代，而是在他陷入难以谋生的绝境那个年份。这可能吗？这是由他填写的履历表上的日期证实的："1934年12月到意大利"。

自费留学的廖新学经济十分拮据，生活上只能节衣缩食，然而，艺术圣殿——意大利，非去不可。好在法国与意大利之间路程不远，所以所需旅费也不多。

廖新学的同学们中，没有谁不渴望去意大利"朝圣"，1934年的暑假已经有一些同学去了归来。这些先睹为快者回来后，眉飞色舞，激动不已地大讲看到文艺复新

"三杰"的杰作后的种种观感，让还没去的同学听了羡慕得不得了。

还没开始放寒假，同学们早已在酝酿去意大利的行程了。廖新学迫不及待的程度不亚于这些同学中的任何一个，可是，此时正是廖新学衣食无着的时候。到巴黎一年后，他从昆明带来的旅费已经不多，本想等待经济宽裕点再去意大利。谁知此时"美林像馆"突然倒闭，让他连生存都成了问题，幸好得到了省政府汇来的救助款，才使他定下心来。

有个叫比尔·卡尔波的法国同学（后来他们成了好朋友）与廖新学同住一个宿舍，他俩处得较好。他的小提琴拉得很好，廖新学曾跟他学过琴。他得知廖新学已得到补助款解除困境后，十分高兴，马上劝他不要放过机会，反正都要去意大利，迟去不如早去。

刚从绝望中缓过神的廖新学说："这笔款不能挪用，我全靠它交学费，靠它填饱肚子呢！"

卡尔波说："难道您就不能想想其他办法吗？"

廖新学说："我哪有办法！"

卡尔波笑道："您桌上就有一堆钱，怎么不用？"

廖新学苦笑道："我的学费都存银行了，怎会在桌上？"

卡尔波拿起他桌上的几幅画正色道："这不是钱？我就拿走了！"

原来谈话间，卡尔波看到廖新学桌上新画成的三只鹅，是带装饰味的工笔画，画得很有趣，此前他也见过廖新学用类似风格画的马和牛，觉得耳目一新。卡尔波此时突然想到这类画容易引起巴黎人的兴趣。他曾通过画廊卖出几幅画，所以，建议廖新学拿几幅到学校门前的画廊去寄售。又向廖新学提出条件，在寒假前不管卖得多少钱，都要一起去意大利，如果钱实在不够，他愿意借廖新学一部分。卡尔波说到这个份上，让廖新学很受感动，他无法推辞，便答应了。

也许是廖新学一直迷恋艺术女神的虔诚之心感动了上帝，让这些信奉上帝的西方人在经济危机肆虐巴黎的时候，毅然解囊买画。还没到放寒假之际这些具有中国风韵的画，居然卖出了两幅，其中的一幅因为先打动了画商的心，被标了高价，卖了个好价钱。这两幅画能走进艺术市场，不仅给渴望到意大利"朝圣"的廖新学，解决了一时急需，这次超出预想的小小成功，还给他上了一堂课——让他初步知道了中国艺术家该如何挤进西方艺术市场，这成功的一步，给了他信心，这是他之后能在巴黎站稳脚跟的一个好起点。

笔者认为，民族与国界是不能阻挡艺术之交流的，艺术反映的对象都是人与自然，艺术表达的都是人的思想感情，这是艺术的共性。所以艺术品，不论中国画还是西洋画，只要达到一定水准，都能打动人！廖新学之所以能感动上帝及其信徒们，是他找到了东西方文化交流的一个极好的切入点。他靠的是中国传统的艺术风格，再"入乡随俗"融入西方艺术的某些法则。别小看这一点点变革，它符合于人们接受新事物的规律：人们容易欣赏的新风格大多是这"新"能与旧习惯有贯通之处，如果新得让人们与旧有的欣赏习惯不沾边，很容易被排斥；反之，只有旧的模式，毫无新意，也令人生厌。

于是他和同学们冒着严寒结伴而行，顺利圆了到意大利"朝圣"的梦。

意大利之旅对于后来廖新学的雕塑作品能在沙龙频频获奖起了重大作用。

在意大利文艺复兴的发源地，他们用了许多时间参观罗马的梵蒂冈博物馆，馆内汇集了希腊、罗马的古代遗物以及文艺复兴时期的艺术精华。廖新学和同学们被文艺复兴"三杰"：达芬奇、米开朗基罗和拉斐尔的许多杰作折服了，他们一个个贪婪地画速写或用相机拍照。

最让廖新学震撼的是屹立在佛罗伦萨的米开朗基罗的大型雕刻大卫像。大卫像体格雄伟健美，神态勇敢坚强，身体、脸部和肌肉紧张而饱满，体现着外在的和内在的全部理想化的男性美。这位少年英雄怒目直视着前方，表情中充满了全神贯注的紧张情绪和坚强的意志，身体中积蓄的伟大力量似乎随时可以爆发出来。廖新学虽然在巴黎见过了许多名作，在这座充满伟大力量的雕像前仍然激动得发呆，他变换着角度一连画了六七幅速写。此后他一做雕塑，大卫的雄姿就会在他心中涌现，与他的新作品形成对照，让他对自己的新作总是不满意，这促使他反复琢磨、不断修改，不到满意不歇手。他的几件获沙龙大奖的作品就是在大卫的激励下产生的。

硕果累累的十五年

德国法西斯发动的侵略战争，攻入法国境内不久即逼近巴黎。紧接着巴黎开始疏散人口，火车站前人山人海。美术学校的全体师生已接到疏散的通知，随时准备出发。幸好巴黎城只是被炸弹炸了几天，法国政府放弃了抵抗，1940年巴黎陷入德军之手。不久乱作一锅粥的巴黎很快又恢复了正常状态，商店照常营业，学校照常上课，许多疏散出去的市民又返回了城中。

1941年8月，毕业后的廖新学离开校园，学校这个"家"不能回了。他渴望回国，可是日军控制了东南亚海域，来往邮船中断，回国的路断了。战争时期羁留巴黎的廖新学，成了有国不能归，无家可回的流浪汉！又是卡尔波为他鼓气。卡尔波说："您老兄守着金库，还愁没面包吃？当年抛出两幅画，就去了意大利，今天您的画技，更是非往昔可比了！"

一席话说得廖老兄愁眉顿时舒展开来。于是他约了滑田友和卡尔波一道埋头为画廊绘制了一批批作品，又结伴多次走进蒙马特高地去摆摊卖画，为游客画像。虽然这条条生财之道都走得很艰难，毕竟赚来了面包钱和房租费，勉强解决了温饱问题。

不幸中的大幸是，在第二次世界大战期间，每年的沙龙展览依旧按时举行，艺术家们依旧参展、评奖。1944年8月，巴黎解放了。

巴黎曾经在20世纪初被称为世界艺术之都。古典主义与现代主义艺术都发端和活跃于此，并吸引了全球各地大批艺术家前来取经求学。在20世纪初，为推动艺术的发展，中国掀起了留学法国的热潮。在留法的学人中，后来很多人均成为了中国近现代美术的中坚力量。成为了重要的、有影响力的画家。留学或游学的画家中，有部分人学习古典写实画风，但更多的是学习活跃于法国的印象派、后印象派和野兽派等各种现代流派的画家。

廖新学留学前后，社会上虽然兴起了现代美术思潮，然而，美术学校仍然是镇守传统的堡垒。给廖新学授课的主要是布歇和戈蒙两位教授。1928年考入巴黎高等美术学校雕塑系的著名雕塑家刘开渠⑦也是师从让·布歇（也译作让·朴舍）教授。布歇教授的作品很多，卢森堡和凯旋门楼上的军事博物馆均藏有他的作品。刘开渠先生认为布歇教授"在雕塑艺术上，他反对学院派，主张自由创造，重视独创和天才的发挥。他在艺术手法上近似罗丹，但他不赞成在造像上缺手缺腿的裁减造型，不象罗丹那样富于浪漫主义的色彩，而更接近于现实主义"。

巴黎高等美术学校是个大竞技场，几乎每周都会有接连不断的各种考试和比赛。各画室的教授将他们的学生推介入考场，期待他们能够取得好成绩。而各个画室获奖的学生也能让授课的教授和整个画室的名誉得到提升。

留学期间，廖新学踏踏实实地钻研欧洲文艺复兴以来的艺术，努力继承古典艺术严谨完美的造型特点，广泛吸取西方美术的精髓，从古典主义到罗丹、巴比松画派、印象派、后期印象派的表现手法，他都做了深入研究。他主要继承了古典艺术严谨完美的造型特点，也吸取了部分现代画派的表现方法。出国之前他就一直喜爱写实的雕塑，这一艺术观符合中国民众的审美意识，也与他的老师布歇教授的风格基本吻合。经过多年孜孜不倦的刻苦学习，他的雕塑作品已有深厚的功力，形象生动，栩栩如生，充满了喷薄欲出的力量，尤其是青铜雕塑，堪称他雕塑作品中的精华。廖新学的绘画，发扬了印象派注重绘画色彩表现的长处，他的油画笔触流畅、色彩丰富，色调清晰明快，情感投入真诚。

他勤奋地创作了一系列以肖像、人体、花鸟为主题的优秀的素描、油画、国画和雕塑作品。在校期间他就是系里的尖子，他的作品从1936年至1941年，就得到学校多次奖励：

1936年2月28日勒梅尔竞赛二等奖章第二名，1937年6月28日雕塑二等奖章第三名，1938年6月27日雕塑鼓励奖第三名，1940年6月8日雕塑一等奖，1941年6月16日雕塑二等奖章第一名。

尚未毕业廖新学的作品已进入沙龙展出，毕业之后廖新学更是得到艺术女神的青睐，他不必每日完成作业，尽

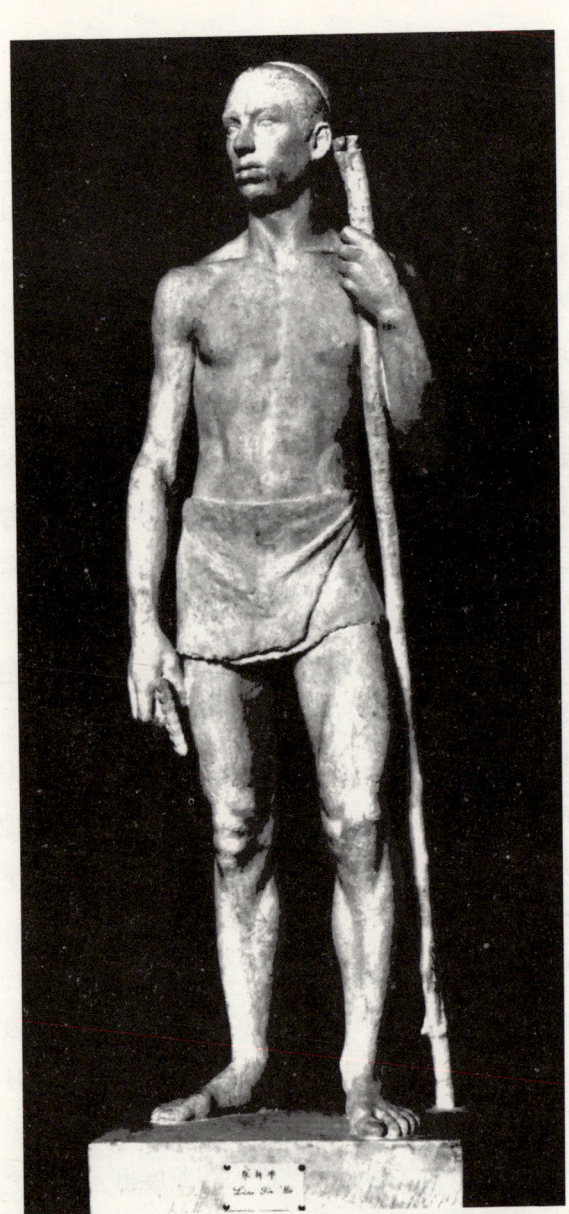

牧羊人　石质　1942年获法国艺术家美术展览会银质奖

管要为衣食作画,他仍然挤出不少时间自由地创作。

什么是沙龙呢?"沙龙"原译作"沙隆"本意为"客厅",有权势者的客厅,常成为社会名流、诗人、画家聚会之所。17世纪下半叶起,法国官方每年在巴黎定期举行的美术展览会也称"沙龙"。进入19世纪,沙龙展又成为年度由政府组织的评奖式展览。

当时雕塑家们送作品参展,一般都雇美术用品店专人运输,以免作品运输途中受损。令人们想不到的是,那些很气派地雇人送作品的艺术家,有的作品却没能入选,而沙龙的大奖,却一次次被一个看似搬运工的,推车送作品的寒碜的中国艺术家廖新学夺走了!

廖新学自1941年至1948年回国前,可谓硕果累累。《从牧童到艺术大师——廖新学艺术创作史料辑》[8]一书中收集了他夺得的多个奖项及其他成果。

1937年,他制作的《半身男》雕像首次参加春季沙龙展出,获"良好"评语,此后一发而不可收,连连获奖。

1939年,他制作的铜雕《少年头像》参加沙龙展出,被法国邮政选为明信片画面。

1941年,参加春季沙龙展出,获铜奖。

1942年春,廖新学以自我为题材的雕塑《牧羊人》,参加沙龙展出,获银奖。

1944年,参加沙龙展出,获"良好"评语(绘画)。

1945年,中国画《马》,绢画《细雨》被法国政府收购。

1946年，成为秋季沙龙委员会委员。

1946年，他的《半身女》塑像获法国艺术家沙龙金奖。

1946年，他的雕像《抛饼者》获法国秋季沙龙金奖。

1947年，参加沙龙展出，获银奖（绘画）。

1947年，加入沙龙法国艺术家协会。

他似乎成了"获奖专业户"，沙龙的金奖、银奖、铜奖他都拿过，其中两次金奖，两次银奖，并成为法国春季沙龙、秋季沙龙会员。

许多美术家们都知道沙龙的奖可不是好拿的，不少有水平的人奋斗了一辈子，还是只能眼睁睁地看着别人拿奖！据美术史载：法国历史上画家们的作品要参加沙龙展出一直是不容易的事，要获奖则更难。19世纪的风景画大师柯罗，虽然31岁开始在沙龙展出作品，直到60岁，他才得到评论家和收藏家的注意。著名画家米勒的农民题材画，一直深受中国观众喜爱，可是在沙龙中并未受到好评，直至晚年农民画大师米勒才得到官方违心的承认。

进入20世纪之后，沙龙的"门槛"虽然不再那么难跨，然而始终很高。

廖新学的作品（多数是雕塑）能在沙龙展出中屡屡获奖，证明其艺术水平得到了世界"艺术之都"的认同。

不亚于明星的新闻人物

廖新学的一生，一直埋头于艺术，他不喜欢，也没有时间到处抛头露面。可是，敏锐的新闻记者们，只要新闻需要，随时可以把一个不愿"上镜头"的人，立马变成新闻人物。没想当新闻人物的廖新学，就是这样成为新闻人物的，他的见报率、上镜率高得惊人，也许连某些明星都自愧不如！

据《从牧童到艺术大师——廖新学艺术创作史料辑》载：廖新学自从1933年走出国门赴巴黎留学，到1948年归国期间，法国有近30家大大小小的报刊记者密切关注过他，对他做了110次报道介绍，刊出照片50余幅。有一家称为"猞猁"的剪报公司，较全面地收集、保留了这些珍贵的原始资料卡片，上面注有报纸的出处、发表时间、作者姓名、报社地址。这些史料像档案一样，客观、全面地记载了这位远在大洋彼岸的廖新学先生的艰苦奋斗历程与辉煌成果。

因本书篇幅所限，仅从中选摘部分报导说明概况。

"昆明市名画家廖新学于1933年6月3日乘法国邮轮卢梭号，由上海启程赴法研究艺术。"——廖新学成为名家，能引起新闻媒体关注，尚不足奇，奇怪的是廖新学才出国门登上赴法国的邮轮，就有了新闻报道。是什么原因呢？只能从两方面解释：一是新闻媒体过分敏锐，当时留法的人太少，廖新学是云南留法学美术的第一人；第二廖新学当时已是"昆明市名画家"。

1936年5月1日，法国《日报》评论"……廖，一位非常了解西方艺术的中国年轻人……"此时廖新学已在巴黎高等美术学校雕塑系学习，于本年2月28日在校内获勒梅尔竞赛二等奖章第二名，评论只是对廖新学这个东方人用一种居高临下的姿态加以肯定。一个刚崭露头角的优秀生，能获报刊评论，并非易事。

1941年8月，廖新学从高等美术学校毕业后，参加沙龙展出的次数多了，获奖的时候也多了，开始被越来越多的新闻媒体关注。这年10月3日《美术》报介绍秋季沙龙参展画家作品提到："廖新学温情的动物和诱人的家禽。"这次他的作品获铜奖。

廖新学是学雕塑专业的，可是做雕塑既费时间，又费钱（铸金属像）在市场上又卖不出去，所以为了谋生也为了参加雕塑展，他必须大量画画、卖画。好在他的画，不仅画得又快又好，而且能吸引法国人，所以一直销路较好，即使是在第二次世界大战，欧洲经济极其萧条的艰苦岁月都如此。为了让更多人了解他的作品，进一步扩大销路，他的老师和朋友都劝他在画廊举办画展。经过一番紧锣密鼓的准备，1943年4月3日，《廖新学中国画展》在蒙马特高地皮卡勒广场马松画廊开展，这是他的第一次个人作品展览，而且是在世界艺术之都巴黎展出，可谓他的艺术之旅的一件大事。

4月5日～19日，法国的《今日》《画室》《欧洲法兰西》《知识界生活》《新时代》和《萌芽》等多家报刊登了这一信息，并做了介绍或评论。

《欧洲法兰西》说："廖新学……在巴黎他仍是个

中国画家，他完全没有放弃他的祖国的艺术。对他的这种忠诚，人们无论如何赞扬都不为过。……多亏这位在中国时任现代艺术组领导的廖新学，天鹅、大雁、鹭鸟……和带贝壳般花冠的睡莲都诗意般地获得重生。"

一家报纸以《廖新学在巴黎》为题写道："在Ch.马松先生的倡议下，4月3日在他那位于蒙马特区中心皮卡勒广场举行廖新学——一位远离故土画家的作品展。廖用色考究，构图严谨，善于经营背景，表现了一种变化无穷的高超技巧和精致的完美境界，透过他的花卉、动物和风景，观众再次感受到中国艺术的强大生命力，这种鲜活并充满阳光的艺术，展示了一个具有悠久的传统的民族的综合形象。"

《新时代》报介绍说："中国画家廖新学展出了30来张绢画……在这些精致的画作面前，我们只能为一位可贵的艺术家明显的精湛技艺叫好，人们一定乐意再见到他的作品。"

《知识界生活》报对展出的画评价说："从中人们可以品味到一种奇特的诗意和精湛的技艺。不言而喻，以一个西方人的性情，我们难以领会这一高雅艺术的全部细微的精妙之处"。

从《新时代》报和《知识界生活》报的评论中可以看出法国媒体对廖新学这位"文化大使"在画中展示的中国艺术的"诗意"与"精妙"很尊重并十分赞赏，同时直率地表示由于东西方文化极大的差异，又"无法领会其中包含的大部分寓意。"所以，廖新学向西方介绍他画的中国工笔画促进了法国人民对中国文化的了解。

廖新学举办中国画展也显出了廖新学的明智。在举办个人作品展之前，他通过卖画对法国的艺术市场已有了一定了解。马松画廊曾为他卖出了多幅作品，画廊经理马松凭着在艺术市场经营多年的经验告诉他，市场上的水彩画、油画非常之多，几乎是从古典艺术风格到多种现代流派的画应有尽有，其中也有不少作品艺术水平很高，然而，在西方人眼中因为见得过多，也许难以避免地出现了"审美疲劳"，所以许多杰作并不好卖。马松又直言相告，巴黎高等美术学校毕业的许多学生的作品，甚至一些教授的佳作在市场上都销路不好，所以许多画家只有放下架子摆地摊为游客画像。他又赞扬廖新学有"两支笔"，可以照西方的方式画，也能按中国的规矩画。显然西方人更欣赏他的"中国笔"。

其实出国之前，廖新学就具有既是画家，又是画商的双重身份，他的"美林像馆"，就是直接面向艺术品市场的，他直接跟众多的主顾画像、交易，虽然他心中的秤主要向艺术上倾斜，但是毕竟掌握了一些商业运作门道。所以他对马松经理的这番话一听就明白，深为赞赏，接着他们商谈的具体内容几乎是一拍即合。

过去在国内，画家搞个人画展，非常不容易，一般规模较大，似乎少了百余幅就不像样。由于贪大，求排场，所以常常"胎死腹中"。近些年中国也有了画廊，搞小规模画展也方便了。搞中国画展对廖新学而言也有诸多方便。首先是成本低，画油画，一般尺寸都较大，需要做内框、绷画布、配外框，而且在画布上有时需要在某些局部堆上厚厚的油画颜料。这就需要不少的法郎。当年梵高之所以覆盖多幅画，在上面另画新作，就是支付不起这些昂贵的材料费。

第二个方便是，完成一幅中国画所需周期短。如果是中国写意画，可以即席挥毫，倚马可待。廖新学所画的是工笔画，虽然不能一挥而就，但也不像油画，只能日出而作，日落而息，一定要凭借自然光，才能辨别色彩，中国画则可以在灯光下夜以继日劳作。另外作品完成后也不必像油画那样，不可触碰，等待风干。

《廖新学中国画展》在马松画廊开展后，由于巴黎的多家报刊为它宣传、助势，此前有时门可罗雀的马松画廊，迎来了一拨又一拨的参观者。通过这些目睹者，把对画廊中令人耳目一新的富有"诗意"的"精妙"作品的感受传播出去。十多天后，皮卡勒广场比原来更热闹了，涌入了许多巴黎人和外地游客，进入广场的艺术爱好者几乎大半是冲着马松画廊而来。

本来就是一副笑相的马松先生，这些日子脸上的笑容更灿烂了。开展一周后，已有两幅画被订购了。自第二次世界大战开始以前马松已经四五年未看到过如此大好的形势了，敏锐的画商，心中立即有了主意。廖新学一进门，马松就满脸笑容地问道："廖先生，您的大作已卖出两幅了。我的建议怎么样？您还担心负担不起这笔费用吗？"

"马松先生，十分感谢！您辛苦了！全靠您的策划好！"看到画廊内空前热闹，廖新学心怀感激，笑容满面地回答。

"廖先生，是您的作品好！您现在还有什么打算？"马松走近廖新学身边稍稍压低嗓子问。

"不是我画得好，是我们中国的大师伟大，也是法兰西的大师伟大，我只是努力站在两国大师的肩膀上学画！至于新打算，我未曾考虑，请先生指教！"廖新学一副诚恳的样子说。廖新学说的确实是心里话。他在西方之所以受欢迎，是因为他既继承了中国绘画的优秀传统，又吸收了西方元素并加以创新发挥，所以笔下的花卉、动物都颇为传神，比如对马的特性和神态就把握得准确而独特。

马松更加靠近廖新学，进一步压低嗓子跟廖新学交谈了一阵。两人在画廊内巡视了两圈，不时在一部分画前停留。

第二天，有几幅画的标价升高了，这几幅画都是观众们喜欢驻足欣赏的。由于展出的成功远远超出预想效果，该展览延期15天。

5月13日的《示众》报上在"画廊动态"栏目中不仅赞扬了廖新学的画，还赞扬了精明的画廊主持人马松，文中说有"廖新学在皮卡勒广场画廊展出了他十分美丽的中国绢画。Ch.马松，这个蒙马特区的皮尔卡勒画廊的年轻主持人懂得如何选择他的画家。"

　　延期满后，画廊中仍然不断涌来观者，补充的新画，仍然有买主。画家与画商不谋而合，一致认为，还有必要再次延长展期，经两次延期，这个画展将近两个月才圆满闭幕。

　　年轻而有眼力的画廊主持人马松，选择了年轻有才能的中国画家廖新学，举办的这次展览，达到了画廊与画家的"双赢"，对每一方来讲也是"双赢"：马松画廊人气兴旺，还赚了钱；廖新学扬名法国，赚了法郎。再扩大说，也是法国与中国的"双赢"，这一展览虽没有政府参与，对中法两国也是很好的文化交流，法国人不出国门就饱了眼福，中国人扩大了国际影响。

　　就在廖新学的个人作品展刚闭幕时，马松画廊乘着聚起来的人气，"乘热打铁"，紧接着又搞了一个"花卉"专题展览。这次又有多家报纸介绍了这个展览，6月3日《法国欧洲》报介绍这个展览说：在全体画家的作品中，"必须给予中国画家廖新学以相当重要的地位，他以惊人的才华运用其祖国的技艺表现花卉。"7月15日的《示众》报介绍"花卉"展览，突出了其中有"优秀中国画家廖新学以及他的同胞潘玉良的花卉……"

　　《廖新学中国画展》成功结束后，廖新学卖画的局面也随之改观了。过去廖新学拿着画进画廊，有时要看画商的脸嘴，有时要跑几家才成功，标价也不敢高。现在廖新学成了受画廊欢迎的人。《艺术世界》《萌芽》报等都介绍了他在多家画廊的作品，赞扬他"营造出一种诗的意境，表现了画家的才华和一种特别的真挚之情"。

1944年3月16日的《示众》报介绍"巴黎的专业艺术"家中，"荡博罗斯洛和廖新学均为了不起的雕塑家"。

1944年5月，廖新学的作品参加了更有影响力的巴黎市政厅画展，《巴黎市政》等报刊做了报道。7月20日，《萌芽》报对廖新学新画作有较高的评价："既是素描里手，又敢于大胆运用色彩的廖新学，在他的画作中表现出一种近乎玄妙的深沉。看来这一切源自他的民族。"

1944年12月，《猞猁画刊》刊登了廖新学的几幅画，评价说他的画："充满诗意""很有韵味"，"色彩柔和、笔触轻盈、线条优美、构图单纯"。1945年2月，该刊再次刊登了廖新学的三幅画，又予以好评。1945年7月，《猞猁画刊》再次刊登了廖新学在素描沙龙上展出的若干幅作品，其中有多幅被国家收藏。1945年12月，《猞猁画刊》第四次刊登了廖新学的作品，这是他在当年沙龙展上展出的《虎》。这期画刊上还登载了评论家乔治·杜邦对部分中国画家的评价，他说："廖新学善于构筑优雅的画面并赋予其色彩以诗意。"他又强调说："请再注意廖新学美丽的绢画，这位艺术家在巴黎艺术生活中占据着良好的地位，他的作品在所有的展览中取得的成功毋庸置疑，因为他的才华是确凿的。"。

1945年一家报刊评论说，廖新学"这位艺术家继承了大师们精致艺术的秘密"。

1945年《法国艺术》以《传统视角》为题撰文说：

"廖新学仍保持了深厚的中国气息，并不趋向于现代绘画的发展，始终坚持一种传统的中国化审美观念。他的作品总是引人注目，构图精妙。在动物描绘以及中国水墨画技艺方面，廖新学堪称大师级人物。"老外们如此赞美他，可知道，他这些功夫来之不易，除了在正规院校几年的专业训练外，世界上有多少人练过"童子功"。似乎廖新学之所以投胎于这个世界，完全是为学艺而来，他会说话的时候就会欣赏动物之美，会走路之后就开始在表现动物之美了。这些可爱的小猫、小狗、小羊、小牛和小马，一直在他胸中，伴随着他长大成人，所以他提起笔来，种种动物的形象呼之即出，得心应手。

廖新学的"绢画《敌人离开后》，画的是一条散落着炮架与步枪的山路。"1946年《每日邮报》赞扬道："在中国乃至法国同时期画作中，此幅作品堪称经典，经久不衰。"1月15日的《艺术世界》说："请注意廖新学的绢画，这位画家的良好声誉已是众所周知的了……"

10月4日的《阿波罗》报说：廖新学"获1946年秋季沙龙金奖"，称"这位画家无论参加团体展览还是以个人身份展出，都取得了骄人的成绩。在这些展览中还可以看到他送来的非常优秀的雕塑作品。"10月10日的《博爱》报说廖新学："在雕塑中，他的作品《年轻的姑娘》是整个展览中最出色的作品之一……"

1946年秋，廖新学的名字涵盖了巴黎十多家报刊的版面，这位风云一时的新闻人物，一度成了巴黎美术界的

"视觉中心",成了部分市民的热门话题。三年前他曾用迷人的个人作品展,让马松画廊火爆了两个月之久。

1946年11月12日,在法国独立艺术协会的支持下,廖新学在巴黎双岛画廊举办了"廖新学中国画展览"。这是他在巴黎的第二次个人画展,展期为18天。这个月《黎明》《文学界的新闻》《艺术》《文学新闻》等报刊纷纷对廖新学及其作品做了高度赞扬。在廖新学的艺术才华面前,巴黎的艺术家们也深深地敬佩这位来自东方的艺术家。当时的《巴黎报》在英、法文版高度评价道:"廖新学是欧洲最有影响的中国画家之一。"《巴黎镜报》称他是"中国美术家中的奇才!"

双岛画廊在巴黎市中心位于西岱岛上的巴黎圣母院附近,这是巴黎人气最旺的地方,这家画廊内参观者络绎不绝。此时第二次世界大战已结束两年多,欧洲的经济状况已开始好转,人们囊中已经日渐鼓起。此时廖新学已是名家,平时在画廊的作品标价已升至两三千法郎一幅,所以画廊经理考虑到这两个因素,"与时俱进"地把有的佳作一幅标到四千法郎之多。

1947年初《艺术》《今晨》《艺术通讯》《大陆每日邮报》等报刊对廖新学的作品做了评价,在雕塑方面将他与其他雕塑家做了比较,认为他有较高的素养与探索精神。

此时的廖新学在巴黎,无论绘画还是雕塑都得到了专家、新闻媒体和观赏者的认可与好评。廖新学在同时代的旅法美术家中,所获沙龙大奖的次数和所受新闻媒体的关注之多，都是突出的。廖新学已跻身于当时世界著名艺术家的行列。

压抑的欢聚

20世纪初中期。作为世界艺术之都的巴黎吸引了全球许多人的目光，当时无论在读的学生还是已经成名的画家，都以赴法为新方向。1919年至1933年，中国前赴后继留学法国学美术的就可以数出一大群人：林风眠、徐悲鸿、潘玉良、常书鸿、刘开渠、王临乙、曾竹韶、李凤白、吴作人、廖新学、滑田友等等。后来这些人大多数都成为中国近现代美术的中坚力量，成为宗师级人物，他们共同建立了现代中国美术的教育体系。

1933年1月，曾竹韶与常书鸿、刘开渠、王临乙等人发起成立了"中国留法学生巴黎艺术学会"。这个学会团结了一批留法学习美术的学生，他们还以撰文、译文和发表作品的方式，向国内介绍欧洲的绘画和雕塑，打开了一扇中国人认识西方艺术的窗户，为推动中西方艺术的交流和发展做出了贡献。

廖新学在校学习期间，因为大部分时间不在学校就在卢浮宫，很少进行社交，而养成了不好交际的性格。曾一度被班上的个别同学讥笑"巴黎虽大，廖新学可能只知道学校和卢浮宫的门"，"他几乎成了只知画画的机器人"。法国的美术教育方式，学校管理松散，学生不必严格出勤上课。美术学校的在校生，一入学就得到学校发给的各大博物馆的出入证。学校自由的学风可以让学生们有大把的时间自由支配，流连于各大博物馆、美术馆。有的学生利用这种"自由"，偷闲、娱乐。廖新学得到这个出入证后，如获至宝，几乎把所有星期日都泡在卢浮宫等博物馆里。

廖新学加入留法艺术会的时间较晚，之后参加的活动也较少。他的入会介绍人大概是与他同时考入巴黎高等美术学校的同学滑田友先生。

滑田友与廖新学这对难兄难弟在学艺的路上有许多共同之处。他们两人都出身贫寒，滑田友比廖新学小一岁。两人都是经徐悲鸿先生介绍到巴黎自费留学，他们同年不同月来到巴黎，两人在巴黎所受的艰辛也相似，滑田友曾因饥饿晕倒街头。两人都在1941年获过沙龙大奖，并成为被法国艺术界乃至国际所公认的艺术家。两人在法国都是一去就是15年，同是1933年出国，并在1948年归国。回国后两人都在大学雕塑系任主任，并有书信往来。廖新学曾回忆说："巧的是我去巴黎的年份和48年回国不约而同与滑田友先生同船并同获沙龙奖，是缘份吧！"

滑田友曾为艺术学会办了一件大好事。1936年，滑田友被选为学会秘书。1935年11月至1936年3月，中国艺术国际展览会在英国皇家艺术学院的所在地波林顿大厦举行。这是一个极难得的观赏国宝级艺术品的机会，寒假期间当时在巴黎的所有有钱的同学纷纷自费前往参观。这对在法留学研习艺术的廖新学和同学们而言，正是一个继承和吸收古代艺术的绝好机会，可以借此机会遍览各种传统国粹。

可是眼看展览会即将结束，廖新学等艺术学会中的穷学生们只能望洋兴叹。没想到望洋兴叹的同学们，转眼间就梦幻般地去到了大洋彼岸的大不列颠王国。后来靠滑田友以学会的名义，和中国驻法总领事研究商量，请求帮助。得到总领事的慷慨应允，廖新学和滑田友等留学生顺利地去到了英国。在这次展览会上，艺术学会的学生们见到了祖国大量国宝级艺术品，做了大量笔记，对之后的艺术研究起了很大作用。

压抑与欢聚，似乎两者不能统一在一起，然而这矛盾的情感曾经在异国的特定环境中出现过。

中国留法艺术学会除了研讨艺术，遇上春节、元旦、圣诞节等节日，有时还组织聚餐会。艺术家本来就比常人敏感，何况远在异国他乡的游子，都倍感孤独与凄凉。这些志趣相投、献身艺术的同胞们，只有从彼此身上寻求温暖与慰籍了。

1938年12月24日，耶稣圣诞会，众人在李凤白家中开聚餐会并留下了文字记录，有到会者签名、携带作品、聚会菜单、饭后水果等。到会者有10人，除了酒及水果外，共吃了6个菜，由20年代留学巴黎的著名女画家潘玉良操刀掌厨（1937年潘玉良二次赴法）。艺术家的聚会，当然，并不止于吃吃喝喝，而是富于艺术气息与艺术情调的。艺术家们常常随身携带艺术作品进行交流。

　　潘玉良保留着的一张字条，见证了一次热闹的聚餐会。字条内容为："1941年5月25日，滑田友、廖新学、张紫屿三位同学本年在沙龙得奖后请客，大家于酒醉肉饱后签名于此。"

　　这一次的春季沙龙展出，廖新学获铜奖，滑田友获银奖。

　　聚餐之后，除了交流心得，讨论艺术，议论国事、天下事之外，有时还有一些尽情发挥的表演。

　　庆祝会员获沙龙大奖本来是大喜事，可是大家脸上的笑容并不能抹去心中的忧愁，眼前虽没有硝烟弥漫，可是法国已遭亡国之耻，自己的故国也面临亡国之忧！所以这次的庆祝会，虽为"欢聚"，大家心中都很压抑，虽为即情发挥，却不能放声歌唱。这是迫于环境。当时的大环境，巴黎是德国占领区。小环境是，即使在和平环境中，巴黎虽然是自由世界，可以张扬个性，却不允许个人影响公共环境的安宁。即使在私人住宅内，也不能高声喧哗，扰乱邻里的宁静生活。所以，他们娱乐前都要关闭门窗。

　　第一个即兴表演的是潘玉良。潘玉良虽为画家，却爱唱京剧，不仅能唱余派老生，还会唱大花脸。她唱得字正腔圆，有板有眼，深受听者欢迎。她在国内时，与张大千等人聚会，经常引吭高唱，在艺术圈里被传为佳话。这天她唱的是《四郎探母》，一人串演母子俩。她声情并茂的清唱，触动了这群海外赤子忧国、思乡、恋母之情，待唱完片刻才想到鼓掌。在掌声中她又唱了一段《双龙会》；接着有人唱了新传到海外的《松花江上》，听得个个眼含热泪；有人想唱《马赛曲》，可是在德占区是犯禁的，于是改为了朗诵辛弃疾的爱国词《水龙吟》。

有备而来的廖新学这天没有唱昆明小调。他取出小提琴，先拉了他的保留节目，托赛里的小夜曲，引来一阵掌声，于是他又来了一支以岳飞的名词《满江红》谱写的曲。随着悲壮、激昂的旋律，同学们忍不住，跟着低声哼唱，直唱得摩拳擦掌，热血沸腾……

这些远在国外的艺术家一直关心着国家与民族的命运。1945年，潘玉良当选为中国留法艺术学会会长，立即与学会同人公开致电"国民政府"，强烈要求收回和赔偿被日寇在侵华期间抢劫和破坏的中国艺术品，该电文于4月28日在巴黎报纸上全文发表。1946年，报纸还报道了中国留法艺术学会举办的"会员作品展览"廖新学也参加了展出。

在留法艺术学会的会员中，廖新学的遭遇也与潘玉良有相似之处。潘玉良，又名张玉良。1895年出生于扬州。她出生那年，父亲病故，廖新学和潘玉良都是8岁时母亲撒手人寰，潘玉良被卖入妓院不久即被富于同情心的潘赞化续出，二人成婚后，潘玉良开始学习美术并留学法国。廖新学和潘玉良的童年都身处社会最底层，然而，都在逆境中奋斗，最后名扬海外。

在法国期间，廖新学与潘玉良不仅相聚于留法艺术学会的餐桌上，两人的作品还经常在同一展室中"碰面"。奇特的是半个世纪之后，两人均已辞世，却再次续了艺术之缘。据2011年1月3日《安徽日报》魏宏伟的《潘玉良二次留法时期的艺术交游》一文说：2011年，云南省博物馆与安徽省博物馆举办了一次极有意义的交流展。"廖新学作品展"于当年1~3月在安徽省博物馆展出，展出作品99件。"潘玉良作品展"也于当年4月在云南省博物馆展出，展出潘玉良的作品100件。此等画坛佳话，当年的潘、廖是无法料到的。

被忘记的"准新娘"

1946年11月，廖新学在巴黎的西岱岛双岛画廊内举办了"廖新学中国画展览"。这是他在巴黎的第二次个人画展，再次吸引了许多观众。此时廖新学的名字，在巴黎的艺术爱好者中已有了较高的知名度。

一个晴朗的日子，绚丽的阳光照耀着西岱岛，岛上的巴黎圣母院及周围游人如织。这绚丽的阳光也照暖了廖新学孤独而缺少亲情的心。

廖新学和画廊经理在会客室谈论展出的情况，谈得正高兴，画廊的店员走过来对廖新学说，有一位姑娘想见他。又说，这位姑娘曾来过这里几次，常在画前逗留较长的时间。经理也对廖新学讲，姑娘买了他的一幅《母鸡和小鸡》，似乎还对一幅《天鹅母子》很感兴趣，曾经在那幅画前站立了很久，并向他打听画家的情况，想见见画家。

廖新学表示和艺术爱好者沟通他很乐意。于是廖新学在会客室里见到了穿着朴实的C姑娘。交谈中，廖新学得知姑娘在一家服装厂做工，从小喜欢小动物，也很喜欢欣赏画小动物的画。廖新学问她特别喜欢哪几幅画，她把廖新学带到展厅，一幅幅指给廖新学看。他们来到《天鹅母子》前，这幅画上雪白的大天鹅在碧绿的水中紧跟在小天鹅身后呵护着自己的孩子，小天鹅正回头盯着妈妈，两只天鹅在水中一副很自在的样子。C姑娘动情地说："廖先生，这幅画太迷人了，这么逼真，不知您是怎么画的！一看到它，我就羡慕画中的小天鹅，有母亲带着它嬉戏……"说到这里姑娘的声音哽咽了。

　　廖新学看到这对清澈的蓝眼睛湿润了，流露出满眼的悲哀。廖新学被这对蓝眼睛的悲情打动了，他似乎看出了这个姑娘不幸的人生。果然，姑娘的遭遇没有瞒过美术家敏锐的眼睛。接着，姑娘流着泪向他讲述了幼年时父亲抛弃了母亲，5年后母亲因悲痛、抑郁生病后离开了人世。她是在乡下由当舅舅供养长大的，舅舅的子女多，生活很艰苦。她艰难地上了六年学，一直忍受着舅母的虐待。有一天被舅母辱骂后，她一赌气就跟着一个同村人来到巴黎城，开始了童工生涯。姑娘说，她小时候也爱画画，最喜欢画小动物，她羡慕一切有妈妈呵护的小鸡、小鸭。她苦难的身世深深触痛了廖新学的心，没想到在异国他乡，会遇上一个与自己这么相似的苦命人。画家似乎觉得在这里找到了一个失散多年的小妹妹。廖新学也把自己的不幸身世和奋斗历程向姑娘讲了一遍。姑娘清澈的蓝眼睛再次湿润了。她非常佩服廖新学的聪明、毅力和忍耐心，更佩服他敢于从万里之外来独闯巴黎。

这贫穷的姑娘，居然用打工挣来的钱买下他的一幅400法郎的画，廖新学被深深地感动了，立即要破例把标价600法郎的《天鹅母子》赠送给姑娘。姑娘很高兴，但是她坚决不接受。她说，现在她攒下的钱还剩400法郎，如果廖新学能以这个优惠价卖给她，她就很感激了。廖新学也坚决地说，他的画一律不降价，坚持要赠送。两人相持不下，最后由画廊经理提出了一个两人都能接受的方案：姑娘接受画家的赠画，画家接受姑娘的邀请，共进晚餐。

此后，廖新学请姑娘上咖啡馆，姑娘又请廖新学逛巴黎圣母院、登埃菲尔铁塔。你来我往，两人相似的身世，使他们对人生有许多共同感受，生长在两种文化背景的经历，像谜一样吸引着他们交谈。两个人的心越贴越近，因为他们的年龄相差10岁，所以廖新学始终把姑娘当作异国的小妹妹相处。可是慢慢地，廖新学每次画完一幅画，就似乎看见姑娘那双动人的蓝眼睛。没有恋爱经验的廖新学起初弄不清自己怎么了……终于明白他在恋爱了，只是他的理智总在不断地提醒他："我们是兄妹！"

他们恋爱半年多以后，决定在餐馆里举行一次小小的家宴，向舅舅、好友和房东正式宣布他们的关系（相当于订婚仪式）。多么令人兴奋的喜事啊！几十年来除了埋头画画，做雕塑的意外突破让廖新学非常兴奋以外，他还从来没有体验过如此强烈的喜悦。在举行家宴的头天夜里，廖新学翻来覆去总是睡不着，直到天亮前，才合上眼，很快又惊醒过来。

他不敢贪睡，一大早就忙着张罗办家宴的事情，还到花市买了一大捧鲜花。突然金黄的郁金香，娇妍艳丽的姿影撩起了廖新学强烈的表现欲望，他要让姑娘看到他画面上这开不败的花朵。廖新学迫不及待地走进画室……他像往常一样画起来。他早已得了"职业病"，一画得入迷就忘了一切，眼里只有画，心里只有画，看不到除此之外的其他东西，也想不到除此之外的其他东西。当作品接近完成，他想到姑娘看到会何等高兴时，猛然想起了家宴，一看手表还是跟先前一样，才知道表已经停了。他顿时急得全身冒汗！

他匆匆赶往餐馆时，路上遇到了房东太太，老太太怒气冲冲地质问他躲到哪里去了。他如实做了解释，被房东太太骂了一顿，告诉他一切都晚了。房东太太告诉他，他所请的客人在餐馆里，左等右等就不见新郎露面，大家都很急。他的证婚朋友卡尔波到处去找他，谁也猜不到他会在画室里，最后怕出意外，去警察局报了案。姑娘的舅舅带着儿子从乡下远道而来，气得大发雷霆，扬言要教训一下这小子。他的新娘起先一直强作欢笑安慰舅舅和客人，叫大家别着急，说廖一定是碰到什么意外，很快就会来。可是时间一拖再拖，过了两小时，几个客人都走了，新娘哭了，但还坚持等下去，被她的舅舅骂道："你真傻！难道怕嫁不掉？"证婚女友也骂她："这样靠不住的男人，怎能嫁！嫁了他，你以后可惨啦！"然后，这个女友把哭得非常伤心的姑娘连说带劝拖走了。

之后，廖新学十分愧疚地去找姑娘认错，结果越解释越糟糕。因为一贯诚实的廖新学不会撒谎，照实一讲。姑娘弄清了廖新学并没出意外，差点气昏了，哭成泪人，坚决不再理他。

姑娘忆起他们恋爱以来的一系列"镜头"：在塞纳河边的约会，让她多等了10分钟，一次看电影，廖新学迟到了20分钟，原因都是忙画画。姑娘一直都没有计较，可是这一次怎么能忍受？她实在不能理解一个只顾画画，不顾订婚礼仪，不顾新娘在众人面前丢脸的人。从小孤苦伶仃的她，最害怕的就是孤独……她的一腔热血瞬间变得冷若冰霜。她此时才相信女友的话，认为廖新学心里根本没有她，若嫁给他，今后就惨了！

无奈之下，廖新学去找姑娘的女友帮忙劝说，希望姑娘回心转意。

姑娘的女友没好气，责问廖新学："您心中是没有这个女友，还是女友太多？"

廖新学指着蓝天说："我向老天爷和上帝起誓，我心中只有她一个人！"

姑娘的女友嘲笑道："但是您的行为，谁会相信？"

其实廖新学和姑娘以及她的女友都说的是真话，是谁的错呢？

一定要追究错在哪里，按世俗的眼光看，廖新学不该学画，当然，如果他不要对画画如此痴迷，只是一般地画画，能弄到几个面包钱，能夺两次奖，"见好就收"也行。可是廖新学已"走火入魔"，艺术女神高大的身躯已经完全占据了他的心，这个女神排斥了姑娘应该占有的空间。廖新学多次和姑娘正谈得高兴，"女神"会突然闯入，让廖新学立即走神，让姑娘莫名其妙……廖新学应该承担这场因"吃醋"，造成让新娘"心死"的悲剧！

对婚姻大事如此健忘，按常理是任何人不会犯的错误，所以绝大多数人也难于理解，可是这错误偏偏发生在一个并不弱智的人身上。然而，虽然普通人不会犯类似错误，可是，在古今中外名人传记中却不乏先例，比如大发明家爱迪生也做过类似傻事。

爱迪生结婚那天，婚礼仪式一结束，在举行婚宴前，突然想出了近来冥思苦想未能解决的自动电报机的方案，便急匆匆地走进试验室……临近半夜时分，才想起婚宴的事，"请罪"后，新娘原谅了他。可是廖新学没有这样的好运！

雕塑大师罗丹曾邀请奥地利著名作家茨威格到自己的工作室参观，罗丹发现一件未完成的作品有个缺点，立即动手修改，两小时后工作结束时，才发现房间里还有客人。茨威格从中悟出：要成功艺术伟业的奥妙是——必须忘记一切，全神贯注于工作中！

显然"非常的错误"只会发生于"非常之人"身上。凡是对事业爱得超常的人，在世人心目中都是"狂人""痴人"或"怪人"，似乎不狂、不痴、不怪，在艺术的"朝圣"路上就难以修成"正果"。比如中国清代有

"扬州八怪"（八位画家），法国有被送入精神病院的大师凡·高，有把自己流放到塔希堤岛的大画家高庚等等。

正因为廖先生不大"正常"，所以沙龙的多次大奖非他莫属！

在以后的岁月里，廖新学有时不管是睁着眼，还是闭上眼总会看见那对清澈、动人的蓝眼睛，那深邃的眼睛，有时在痴心地微笑，有时充满哀怨……

廖新学先生后来终身没有再恋爱、结婚。也许，廖新学的恋爱在这里划上句号也不完全是坏事，否则，今后他无力侍奉两位女神，无尽的烦恼如何了之！廖新学回国后，在担任教授期间，一天半夜醒来，忙于修改一件雕塑作品，又差点误了一件大事。也许爱情和艺术对于用情过分专一的人而言，是"熊掌"与"鱼"，二者不可兼得。从小迷恋艺术的廖新学记住了达·芬奇的名言，不愿用"半个自己"来侍奉艺术女神。所以宁可放弃爱情，也不愿丢掉艺术，如果没有艺术他将感到失去了一切，失去了生命。

之后，人们不时可以听到从塞纳河畔或廖新学的住宅里传来一段如泣如诉的优美琴声，这是著名的意大利作曲家托赛里谱写的《悲叹的小夜曲》，这首曲唱的是一个失恋者的心声："往日的爱情，已经永远消逝，幸福的回忆，像梦一样留在我心里！"这支悲叹爱情永远消逝的曲，从巴黎一直伴随着廖新学回到故乡，他的学生陈琦曾在《写在30年后的回忆——缅怀我的老师廖新学先生》一文中有此情史描述。

甘当红烛

一个住地下室的穷学生从零起步，跻身于欧洲名家之列，有了工作室与模特。然而，他突然舍去一切，回到战乱未息的故国，这是为什么？为什么他忍痛把爱人都挤不进去的，占据着他整个心灵的艺术女神，挪在了第二位？为什么他可以自己受冻，却用被套给泥人"保暖"？为什么他穿着泥巴裤去会外宾？

赤子归国

1947年，正是廖新学春风得意之时，是他的艺术追求走向"步步高"之时，这年他的绘画作品获了沙龙银奖，这年他加入了沙龙法国艺术家协会。

1947年，也是中国的政治形势出现大转折之时，解放战争由防御转入全国规模的战略进攻，国民党的政权摇摇欲坠，中国出现了希望的曙光。喜讯传到欧洲，在异国滞留了10多年的廖新学，等待国内安定的转机终于盼来了，他心情十分激动，没有多加考虑，立即决定回国。

当时巴黎的一些美术家及朋友对他突然准备回国的行动不可思议。朋友们都劝他说，中国打了这么久的战，现在时局动荡不安，没有从事艺术创作的条件，等一等再说。还有人问他："现在中国时局很乱，很多人千方百计想出来，你为什么却要忙着回国呢？"

廖新学很风趣地回答说："我现在还是一个单身汉，如不回国，只好在巴黎讨老婆了。凭我这点本事，在巴黎生活，单老婆的化妆品都供不起啊！"他的话逗得大家哄堂大笑。他又接着说："我是搞艺术的，过去我立志出国，现在是志在祖国，叶落归根嘛。我爱巴黎，可是我这个放牛娃更爱我的家乡。"廖先生的话，一时传为美谈，让许多侨居巴黎的中国人深受感动。

廖新学先生真的在巴黎讨不起老婆吗？其实只是一

廖新学照片

种自谦的调侃。廖新学当时急于回国并非是在巴黎日子难混，而是由于强烈的爱国之心，让他放弃了近10年艰苦奋斗取得的来之不易的工作环境和较优越的生活条件。他回国前的生活状况已经和求学期间及刚毕业时不可同日而语了。回国前他住十四区达盖尔街11号，此区又称"天文台区"，位于巴黎南部。据廖新学讲，那段时期他："在巴黎除做雕塑外，也大量卖画，油画、色粉画、中国画、图案设计，画出售得快，卖画赚钱做雕塑。"他的学生，张元真教授说：廖新学先生在巴黎有了自己的工作室，还有一位专职模特，有一位帮他做杂活同时看门的法国老头，使他能安心搞创作。

显然，廖新学当时已经在巴黎这个世界各地的艺术家云集的，竞争激烈的世界艺术之都，站稳了脚跟。他要名有名，不时夺回一个沙龙的奖牌；要利有利，他的画出售得快，赚来的钱，除了买面包、租房子、搞创作外，还可以按一个成功的画家那样拥有个人的工作室、专职模特，还有人照料日常生活。当然这对于一个有一定社会地位的画家而言，并不算奢侈。模特是创作雕塑与西洋画不可缺少的条件，家里有人做杂活，才能全力以赴从事美术创作，参加必须的社会活动。

廖新学先生保存下来的部分画廊售画清单，向我们准确、客观地揭示了他当时的收入状况。1946年2月15日，双岛画廊出具的本年度作品售出收入通知单报：收入总金额为54850法郎（含未扣出的展出费用和佣金）。当时他的画作每幅的最低标价是400法郎，最高为5000法郎。

廖先生突然准备回国，确实让当时巴黎美术界人士及朋友们无法理解。廖新学自毕业之后已成为巴黎美术界升起的一颗耀眼的新星，人们正期待他再创佳绩，可是他却要告别巴黎！

廖新学决定回国后，归心似箭，走得很急，他在巴黎的财产并没有彻底做出处理，他最难以割舍的财产就是他钟爱的获奖的大部分雕塑，因为难以携带，都留在了巴黎。1947年12月他签署了请他的秘书艾梅小姐"代处理巴黎事务授权书"的申明。

1948年春，廖新学终于回到祖国的怀抱（上海），此时已无旅费回云南，于是，电告云南省政府。当时的省主席已换为卢汉，卢汉对廖新学的大名早已熟知，他非常欢迎名画家廖新学回云南，立即指示财政厅汇出旧国币

7000万元。1948年6月1日廖新学乘中央航班客机回到了昆明。在昆明的友好人士相邀同到机场迎候。

轰动昆明的画展

美术家与社会的交流、沟通主要靠什么？靠作品"讲话"。

经验告诉廖新学：他身居海外能短期内创下较高的知名度，正是靠参加沙龙展出并多次获奖和两次个人作品展。所以廖新学和众多的美术家一样最关心、最着力的事就是创作与展出两件大事。出乎他意料的是家乡的朋友和各界人士，似乎比他还关心展出的事，他们都异口同声地急于要看他的作品，这让他份外高兴。

首先建议廖新学近期举办作品展览的是徐嘉瑞。徐嘉瑞（1895～1977年），号梦麟，昆明人。徐嘉瑞先生是中国现代文化史上的一位重要人物。他青年时代即追求进步，投身革命活动。他1927年加入中国共产党，在党内负责宣传、学生运动等工作。之后，曾任昆明《民众日报》社社长兼总编辑。他在报刊上宣传革命文学，揭露和讽刺国民党的反动政策。先后在复旦大学、昆明女子中学等校任教。1939年徐嘉瑞任云南大学教授兼文史系主任。抗日战争胜利之后，徐嘉瑞除从事教学和学术研究工作外，还积极投入到反内战、争民主的斗争之中。

徐嘉瑞的成才道路与廖新学颇为相似，他18岁时在省立师范学校读书，因父亲病逝，被迫放弃学业。后来通过"不懈学习、不断笔耕、不息奋斗、不停前进"，而成为中国现代著名的文史学家、诗人、民间文艺学家、教授。"惺惺惜惺惺，英雄惜英雄"，廖新学归国几天后他们即成为心心相印的亲密朋友。廖新学比徐嘉瑞小5岁，他们对对方的奋斗历程和光辉成就都非常佩服、赞赏。徐嘉瑞觉得这个在巴黎为中国人大长志气的兄弟，尽管在"花都"的香水里浸泡了15年，穿着一套西服回来，可是骨子还是很"土"，他对祖国、对家乡的爱是从骨子里透出来的。

廖新学觉得徐嘉瑞见识超群，对文学艺术很内行。所以，对他的种种建议，大多乐意采纳。

徐嘉瑞热情地向他建议，此时尽早举办个人作品展，可以在大家最关注他的时候，向家乡人民做一个汇报，这必然会引起轰动效应。展示的重点应该是他在国外学到的西方美术的精华，这既是向国内介绍西方文化的大好时机，也是扩大自身影响，在国内站稳脚跟的重要一步。这一建议正与廖新学所想不谋而合。然而，这件事既让他十分高兴，也让他为难。难在哪里呢？

廖新学最难的是，手中无画！最想让同胞们看的重要作品（主要是雕塑），由于走得过急，大部分留在了巴黎，原打算近期返回法国时彻底处理国外的事务后，再将全部重要作品带回国去。这次要搞展览，确实很难。在国外搞画展其实不难：首先，作品都在身边，不足的再专门画几幅也快，另外，在画廊搞展出，展出的作品较小，且布展有专业人士负责操办；其次，当时展出的大多是中国画，不必配大画框，费用低，操作快。此时在昆明展出的作品多是西洋画，而现成的作品不多，临时补画油画之类的作品费工费时，还得配外框，颜料、材料费也很昂贵。然而，虽然困难多，还是必须做。这些困难可以让许多人望而却步，可是在朝拜艺术女神的路上，廖新学眼中似乎无"难"字可言！这就是廖新学的性格，这就是廖新学一路上披荆斩棘，无往不胜的"秘诀"！

由于廖新学奉行"受人滴水之恩，必以涌泉相报"的处世原则，所以每当他需要援助时，都有朋友伸手。此时徐嘉瑞又给他介绍了些新朋友，新老朋友们知道了廖新学的难处后，都鼓励他，给他出主意。廖新学出国前曾赞助过他的李鸣鹤先生、董泽先生、杨竹庵先生（此时已升任处长）和徐嘉瑞先生等人都主动要为他提供赞助，感激涕零的廖新学尽量予以谢绝。杨竹庵和董泽还主动把廖新学从国外寄赠给他们的油画借给他展出，杨竹庵又通过他的关系把他寄赠省政府的几幅油画也借来展出。

廖新学在国外一直怀念家乡的风景，这时要搞画展，写生成了双重需要，于是借此机会用新的技艺画了一批昆明风景写生。

1948年11月，"廖新学作品"展览，经紧锣密鼓的准备，终于在昆明抗战胜利堂（现名昆明人民胜利堂）拉开了帷幕。

为了把展览搞得更红火，展出之前，有"昆明的福尔摩斯"之称的昆明警察局侦缉队长孙季康先生与廖新学联名，在劝学巷孙宅举行记者招待会，向昆明新闻界人士预展作品。抗日战争期间，徐悲鸿先生在昆明，因其最钟爱的名画《八十七神仙卷》被窃一事，曾请孙季康破案，故孙氏与美术界的人士有较多接触。这天的招待会到会的有在昆的各报社社长、总编辑和记者10余人。廖先生兴奋得面放红光，席间，他激动地含着热泪向与会者报告了出国学习的经过，出示所获奖状奖章。他对云南人民、云南省政府和云南美术界的前辈及所有朋友对他的热情支持深表谢意。他说："我是1933年6月1日离开祖国赴法的，今年也是6月1日回到云南的，我离开云南已整整15年，今天荣幸地向全市人民做一次汇报展出，心里十分高兴！"

1948年11月21日，各家报纸报导了此次招待会的实况和展出的消息。22日上午10时尚未开展前，参观的人群早已云集在胜利堂门口。开展后，《中央社讯》《民意日报》《观察报》等即时报道了展览盛况。时任省主席的卢汉和何绍周、张若愚等各界知名人士莅临参观了展出。一时间廖新学及其作品成了省城上层人士和文化界的热门话题。

"廖新学作品"展览不仅当时轰动了全省，也深深影响了一批艺术青年，如当代著名画家姚钟华、张建中、郎森等至今对廖先生的这次展览都记忆深刻，认为对他们各自的艺术人生都有非常大的影响。姚钟华先生在《永久的怀念——纪念廖新学先生诞辰一百周年》中说：我自幼热爱绘画，生平观看的第一个展览是廖新学先生留法回国后的一个大型画展。这次展出作品有油画、水墨画、粉画及雕塑，题材有人物、风景、静物、花卉、各种动物。油画有廖新学先生在卢浮宫临摹的欧洲经典，有法国大师米勒的代表作《晚钟》《拾穗》，西班牙著名画家牟利罗的《乞丐少年》，还有法国柯洛等大家的作品。此外还有新画的多幅昆明风光的油画、粉画。之后，廖新学先生曾随姚钟华的姑父徐嘉瑞先生到姚家，看了姚钟华的习作后，大为夸奖，使少年姚钟华得到了极大鼓舞。

　　这个画展在昆明结束后，廖新学又应富民旅省同乡

昆明碧鸡坊布面油画　1955年　72×72cm

会邀请，到他的出生地富民县展出，家乡人民有史以来第一次看到廖先生丰富多彩的美术展品，被惊呆了，想不到当年的牧童成了大艺家！展品中还增添了几幅他这次回到家乡后画的几位老人肖像，浓烈的乡土情调与生活气息，让家乡人民欣喜若狂。这消息一传十，十传百，乡亲们扶老携幼，从四面八方赶来看画展，看这位给他们增光的老乡。一些住得离县城很远的农民也借赶街来看展览，六天的展览时间，参观人群络绎不绝，街子天展厅里就像街子上一样热闹。这次美展使家乡人民获得一次难得的艺术享受，给乡亲们留下了深刻的印象。

廖新学这次个人作品展，让国内和省内更多的人士了解了西方的世界和艺术，也更大地提高了他自身的知名度。然而，此时大环境十分不利，正遇上货币大贬值。算经济账，这次个人作品展却是负数，廖新学被弄得债务满身，到了难以谋生的境地。据廖先生的学生张元真教授说，这次"画展，除从国外带回来的获奖作品外，上百件作品都是新画的，画框、画布、颜色都要花钱买，展出时作品都以黄金、银圆标价出售。展出结束，不少艺术欣赏收藏价值很高的作品，都被当时有权势的达官贵人取走了，可是没有一人按标价以黄金或银圆付钱，交付的尽是飞速贬值的金圆券，连颜料费都不够，更不用说什么画家艺术创作的价值了，金圆券很快变成一堆废纸使得先生很难受，甚至激起他对国外生活的留恋"。

廖新学在生活无着落的困境中，本想返回法国，那里有他艰苦奋斗刚闯开的路，前程看好，那里还遗留着他耗尽心血创作的大量作品。然而，这时已是新中国成立前夕，出国交通受阻。他的好友徐嘉瑞先生极力挽留他。徐嘉瑞对中国当时的形势了如指掌，对中国的命运，云南的走向做了认真分析。他告诉廖新学国民党的政权即将崩溃，此时只是暂时的困难，即将诞生的新中国将改变一切……出于对新中国的憧憬，对光明的追求，廖先生放弃了回法国的打算。因此他的大量作品都流失在巴黎，无法找回了。廖先生犹如一个让子女流亡海外的母亲一般痛苦，这是他终身最大的损失与遗憾，也是中国美术界的损失与遗憾！

1948年6月26日，徐悲鸿先生得知廖新学回国后复信给他，信中对他寄予了重望，信中说："新学仁弟惠鉴：得手书欣悉返抵故乡，十余年阔别必多感慨。以昆明之大，地位之重要，物产之丰富，应有一艺术机构。弟幸努力为之，如能来平（北平，即北京），曷胜欢迎。此问近好！"也许此信也是促使廖新学坚决留在云南的一个重要因素。

1949年1月，廖先生在朋友们的帮助下重操旧业。选中了昆明北门外的马王庙（现一二一大街云南师范大学对面），这里租金低廉，他租下了两间铺面，一间用来开设"新云南像馆"，另一间做雕塑、绘画工作室。

讲坛上的廖新学

1949年10月，五星红旗在天安门升起，中华人民共和国宣告成立。同年冬，卢汉在昆明宣布起义，第二年春，五星红旗开始在云南遍地飘扬。

新生的政权对知识分子很重视，1950年后，徐嘉瑞先后担任昆明师范学院校管会主任、云南省教育厅厅长、省文联主席等职。1950年后，廖新学历任云南省文联副主席、云南省美协筹委会主任、云南省人民政府教育委员、省人大代表和昆明市人民政府委员。

1951年廖新学先生被聘为昆明师范学院（今云南师范大学）教授，主持创建艺术科（后艺术科被分出，成立云南艺术学院）并任科主任。1952年7月，艺术科正式对外招生，第一届30名，多为调干生。第二届招新生43人。艺术科设音乐、美术两个专业，廖先生除全面管理科里教学行政工作外，还担任美术专业素描、油画、雕塑三门课的教学。许敦谷先生（留日）任中国画课，张接祥先生任水彩、水粉课，助教是黄传文。音乐专业主要由方于、李丹（留法）、叶俊松、黄湘泉、张世霖、宋宏图、吕有光等老师任教。在廖先生的领导下，艺术科办得很出色。为云南培养了第一批美术、音乐专业的大学毕业生。

作为艺术家的廖新学，他之所以始终孤身一人，是因为他的心完全被艺术女神所占据，以至早年连爱人都缺少应有的位置，可以说廖先生的爱情之所以不能成功并非偶然。

廖先生最乐意的事就是侍奉艺术女神——创作。可是当时需要像他这样的大艺术家来主持云南的美术教育事业，所以他被委以重任。廖先生并不擅长搞行政管理工作，他的本意也不愿搞，但是工作需要，事关培育美术人才，他的求学之路很艰辛，他希望下一代的路更宽敞，所以激起了他的责任感与热情，就勉为其难担负起这一重任。廖新学虽然社会工作很繁重，经常开会，但坚持以教学为主，他每周课时排得最多，却从不缺课。为了承担行政与教育工作，他牺牲了大量的创作时间。好在当他看到经他精心扶育后学生们在茁壮成长时，他尝到了一个园丁的喜悦，这对他何尝不是一种补偿。

廖新学先生戴一副黑边眼镜，镜片后面是一对温和的眼睛，加上他有些偏厚的嘴唇更显出他那敦厚长者的风采。廖先生作风朴实，平易近人，对人真诚、坦率、感情浓烈。无论对来访的宾客还是向他求教的学生都热情接待。连对学生都是称"××同学"，从不直呼其名。

这位平时温和敦厚的长者，教授学生时，却很严厉，一丝不苟，可是从来不发脾气，总是循循善诱。

廖新学在巴黎师从雕塑家布歇教授，接受了严格的素描训练，他继承了布歇教授一些优秀的教学方法。他多次讲一切绘画艺术的创作都离不开扎实的素描功底。让学生要牢记米开朗基罗的话："素描是所有绘画种类的渊源和灵魂。"

上基础素描课时，廖先生发现有些学生基础差，所画的素描习作，不同程度地存在着黑、灰、花、乱、脏等毛病。有一定基础的学生，路子又有些偏，存在平、板、竖、硬、软、浮、飘、油等问题。他不仅从理论上分析出现这些毛病的原因并阐明改进的途径，还经常手握铅笔为学生示范。

有时候廖先生还从学生们的习作中挑一些有代表性的画，挂在墙上，然后对画不对人，和大家一起找毛病，分析造成的原因，指出改进的方法。有一幅画细看局部明暗层次变化丰富，他叫大家找毛病。有人说还可以，有人说整体感觉不好。他分析说：画面体积意识不强，作者观察时眼睛老是盯住该物体的局部，只重视局部调子变化而忽视大块面之间的对比，所以整体调子的变化没抓住，画面产生了"平"的感觉。

他多次告诫学生一定要有整体观念，从整体出发，深入局部，再回到整体，公式就是"整体—局部—整体"，要抓结构，画大感觉，有时单纯得只有黑白灰。学生的画只要结构准，简洁而有变化，他就满意。要表现出对象的明暗与形体的变化，首先必须观察到这些关系与变化。如果观察不出来，肯定就不可能画出来。所以要学会观察，要多动眼睛，多动脑筋，少动铅笔，少动擦头。

有一张画大家都认为形体准确，形体的体面转折也很明确，有什么问题呢？廖先生说：任何立体的物体，都是由不断变化、转折的面构成的。这幅画对形体的块面转折有一定认识，但是表现方法概念化，不问面与面交接处的具体转折变化，用同样的方式来过渡，这怎么行？例如人的脸，属椭圆体，面的转折较柔和，如果用方或带棱角的笔触表现，必然显得"硬"。你们再看另一幅画，正与此相反，一律用圆弧而无力的笔触表现块面的转折，这样形体内在的骨力都没有了，所以显得"软"。

廖先生指着一幅画问，你们看这幅画怎么样？有同学说，画得很精细啊！有人说，体面结构不错。还有人说，这张画挑不出毛病，但是就是不好看。

廖先生说：你们说的都有道理，这位同学的基础不错，对体面结构有一定认识，明暗调子也大体正确，但是有这些功力，并不能保证画出好习作。这位同学作画时一丝不苟，可是他对各个局部平均用力精心描画。为什么处处都好，整张画却"不好看"呢？因为画面缺乏生气，没有最精彩的部分，该强调的没强调，该削弱的没削弱，所以没有艺术感。这叫"紧"。

他又说：还有的学画者自以为基础好，然而，没有扎扎实实地表现形体，炫弄技巧，虚张声势，所以画面看似很华丽，实则华而不实，这叫"油"。你们自己检查一下，有没有这种倾向？

学生们经常用木炭条做素描画，从构图、用笔、明暗调子直到完成全过程老师都在教室里给同学一个个的修改、讲解。每布置一个新课都做示范画，都是大笔触、大整体。他说："时间宝贵，不能在一张画上花精力磨细部。"在上基础课时，他还结合技法理论讲解，如色彩学、透视学、人体解剖学等。

他说，要提高绘画水平，首先要有高标准，只有多看、多琢磨大师的经典作品，才能尽快提高欣赏水平。他说当年他在巴黎学画时，学校和卢浮宫就只隔着一条塞纳河，他和用功的同学，经常跨过河上的艺术桥，整天泡在卢浮宫中反复欣赏、临摹。他因为经济条件限制，无力到书店买画册，幸运的是离学校不远的塞纳河边就有许多旧书摊，他经常去"淘宝"，从中获得了不少价廉物美的画册，让他享受终身。这一席话让学生们听得羡慕不已。在赞叹声中，廖先生把这些珍藏的精美画册一本本向大家展示，之后让学生们传看，学生们如获至宝，一个个看得目不转睛。他又教学生如何欣赏古希腊、古罗马、文艺复兴时期和其他欧洲大师的油画雕塑作品，让大家的欣赏水平得到了较大提高。

廖先生还按照让·布歇教授的教学方法，适当地把雕塑造型插入素描教学中，启发学绘画的人对物体的形体结构加深认识，学会从平面思维走向立体思维，对学生的素描训练起到了极好的作用。

20世纪50年代初，学生们家里的经济大多很困难，美术专业学生需要画纸、颜料、各种画笔，花钱太多大家都承受不起。廖先生就叫他们买廉价的马粪纸、牛皮纸、包装纸、草纸画色粉画（不是正课）。他把自己从法国带回来的所剩不多的色粉画笔，无私地分给学生使用。为了让大家能继续练习色粉画，他又几次放弃午睡，带领学生研制色粉画笔。虽然当时运用的材质粗糙，但在廖先生的指导下画出来的色粉画，还是获得了不错的艺术效果，特别某些物体表现得很有厚重沉稳的效果。

画"地形图"的风波

1952年，廖新学先生曾到东川画写生画。当年少年姚钟华（后成为著名画家）在翠湖公园看过廖新学与黄继龄、刘付辉等画家的作品一起展出。一天晚上，廖先生随姚钟华的姑父徐嘉瑞先生到姚钟华家，两人在客厅里聊天，姚钟华听到廖先生说，东川之行令他们很激动，带去的纸都画完了，只好买当地粗糙的土纸来画，还说，他过去认为风景最美的地方是瑞士，如今则以为是东川……

笔者也去过东川和瑞士，东川雄伟的山川、雪山等自然风光确实非常壮丽。如果东川与瑞士两者一定要比个高低，可能不大容易，两地之美各有千秋。此时廖先生刚从欧洲回归故乡，也许是由于"月是故乡明"这种对家乡偏爱的心态让他给东川"加了分"吧！

廖新学出国前就十分迷恋昆明的风景，画过不少风景写生，阔别15年的游子归来更是对家乡的景物爱得如痴似醉。"他最能理解春城的美，那绿色的交响，牧笛的悠扬，农民沉重的脚步声，以至村寨的鸡鸣和犬吠,对画家的心灵都产生一种特殊的感应。农村,那是他艺术的底蕴,他在那儿寻觅生活的价值。"（陈琦语）以至后来他的同窗好友著名雕塑家滑田友先生来信邀请他到北京工作，著名画家吕斯百来信邀请他到西安工作他都未去。可见他对云南与昆明爱得有多深!

廖先生出于工作需要，也出于爱好，在教学和创作中常常带学生到昆明的风景名胜区和工厂、农村去写生与体验生活，深受学生们欢迎。秀美的圆通山，清澈的盘龙江，幽静的翠湖，空阔无边的滇池，此起彼伏的山峦，劳作于田间的农民和明清留下的古建筑等等，激起了学生们对昆明的风光风物的深厚感情。在写生过程中，他面对画布边示范、边讲解、边纠正，让学生们受益匪浅。

他的学生女画家陈琦回忆说，廖先生"外出写生作画之前，常躺在草地上凝视长空，哼着昆明小调，一副悠闲的神情，似是一个普通的游者。时睡时起，观察四方，这是他构思的特点。使有形与无形相结合，把无形变为有形。当构思成熟时，先生才一跃而起，挥笔作画。于是一幅幅充满乡土气息的风景画诞生了"。

廖先生抓紧一切时间写生与创作，有时休息日也带学生到室外写生。有一次因外出写生，还差点被当成了"画地形图"的间谍。他的学生吴有诚先生至今对此事记忆犹新。一个星期天，他带几个同学到西山脚的晖湾村附近画风景写生。那天阳光明媚，烟波浩渺的滇池上帆影点点，大家的兴致很高，画得十分爽意。即将画完，准备回去时，突然走来两个解放军战士，"欣赏"了片刻大家的作品，有的同学很高兴，正等待着赞扬。不料这两个战士拦住去路，问道："你们怎么来这里画地形图，你们可知道这里是劳教所的辖区！这位老先生画的特别像，又细致，大石头上的岗哨都画下来了。"同学们七嘴八舌地讲："我们是画风景写生，不是画什么地形图。老先生是我们的导师，是著名雕塑家、画家、云南省文联副主席、昆明师范学院教授。"

劳教所的同志听后说："既然是这样，你们把画留下，由老先生写个条子说明情由，签上名字，盖上手印，我们向上级汇报请示后再与你们联系。"

有的同学很抵触，不愿交画，廖先生带头把自己的画交给了盘问者，又和颜悦色地耐心劝说不愿交画的同学说："解放军同志是对工作负责，要相信他们不会弄坏画。"

第三天，省公安厅来了两位干部把画送来学院，并道歉说："我们的战士警惕性很高，但是对艺术知识的了解太浅，对不起。"廖新学先生和蔼地回答："没什么，这也是他们的职责。"

廖新学先生能多次拿大奖不仅是靠天资聪颖，他的学生张元真教授揭示了一个秘密。她说：油画写生和素描速写是廖先生长期坚持不懈的创作方式与基础，使他能得心应手地发挥和积累创作素材。他总是能抓住时间到处触景生情出手成画。例如，有一次我和他去文联开会，在路上看见一个穿民族服装头戴鸡冠帽的小姑娘，他马上走到小姑娘身边问"你是阿拉乡的吗？你很漂亮"。边说边从衣服口袋里掏出速写本和铅笔十分随意的仅两三分钟就生动地把小姑娘画下来。廖先生特别有感于直接反映少数民族、矿工、农民、部队战士和戏剧演员。更着意于辛勤劳动的工农形象，再三为之写照。例如，省里每年召开劳模大会或少数民族代表大会，他叫我随他去现场速写，老师总是情动于中，把代表们表现得独具真切情味，表达出坚毅的人格力量和岁月留下的痕迹。

为泥人"御寒"

雕塑与绘画虽是美术里的"姊妹"艺术，可是雕塑却有些"贵族气"，难以侍候。当年廖新学在国外，是靠卖画"养雕"，很多钱都贴到了雕塑里。

廖新学回国之后正逢中华人民共和国刚成立，经济条件差，师院艺术系也是刚起步，加之他承担了大量的行政与教学工作等种种原因，10年之中，他做出的铜雕、石雕之类的高材质的作品较少。

为了搞雕塑创作和雕塑教学廖新学付出了极大代价，他成了拿高工资的穷人，成了睡觉没有床单、被套的怪人。这些让常人无法理解的怪事——也是感人之事。

据他的几位学生回忆，廖新学刚刚归国时，党和政府给予了他很好的待遇，月薪有200多元，比学校其他教授的工资都高，且他生活十分俭朴，不抽烟、不喝酒、不讲究穿着。平时长年累月总是穿一件劳动布的灰兰色外衣，只有国庆、"五一"节上观礼台或参加重要的宴会，重要的社会活动才穿西装。但在经济上一直显得不宽裕。是什么原因呢？

张元真教授告诉我们："他的负担太重了。第一他要负担兄弟一家六口人的生活和侄女的学费（其弟廖新源幼年就双目失明），廖先生说：'没有父母，我是哥哥，我不照顾他，谁来照顾呢？'二要负担私人请来的助手吴友诚（没有助手难以完成雕塑——笔者注）的吃、穿、用。第三做雕塑的材料，画画所用的颜色、画布、画框等等都用工资开销，那时完成一幅较大的油画颜料成本费就要花五六十元。当时政府办公厅、大礼堂、报告厅等都挂着廖先生的巨幅油画作品，拿走画不给钱是常事，都以先生为人民服务品德高、党性强名义带走。发生这些事情先生从不张扬，总是保持一种平和的、乐观大度的精神风貌。"

在那个时代，不但没有美术品市场，也不允许个人公开卖美术作品。大家为国家干活，凭工资生活，所以国家虽然给了廖先生较高的工资，较大的住宅，可是他的"工种"太特殊，他为了搞好教学，为了创造一个工作条件，请助手、买材料都无法报销，必须自己掏腰包，所以，廖先生的工作越认真，成效越好，作品越多，付出的精力和财力也越多。

1951年廖先生搬进师院教工宿舍府甬道7号一个旧的四合院，进大门两侧的两间是学院两位职工住。当年大家的住宅都很小，很拥挤，美术家的工作室只有在自己的住宅里挤。院子里有一个10多平米小天井，廖先生的雕塑工作室就在天井左侧一间带顶光的10多平米的小平房内。翻模的熟石膏，市场上买不到，只有大块大块的生石膏，必须用大石臼舂成粉，再用炭火在铁锅里炒成熟石膏粉。做这些事都靠助手吴有诚来完成。炒石膏也是一个技术活，掌握火候很重要，火力不够或炒过火翻模时石膏不会凝固，泥塑就会报废，为此廖先生总是站在锅旁指导。这些半成品的石膏像就是在这种艰苦的条件下做成的。

女画家陈琦说："鸟要为自己做一个漂亮的窝，人要为自己安一个舒适的家，这似乎是一种本性。而这位可敬的先生的住所，别人是难以想象的。"幸好廖先生是单身汉，他的家一人做主，想怎么布局就怎么布局。廖先生没有画室，就在客厅里支起画架画油画。他的寝室兼做书房，除一张单人床外，靠窗处还有一张自己组装的"书桌"，用木箱做支架，上面铺一块很大的木板，可以在这宽阔的桌面上设计、书写、看书。木板上铺上一块牛毛毡，放上宣纸，画山水、花鸟，都可以任笔墨恣意挥洒。

后来他的新住宅比较大了，总面积100平方米，可是还是挤，还是每间都是"多功能"创作工作室，每一间房屋中都堆满了雕塑、画架画框、胶泥颜料等。一次学生们来到廖先生的新居，惊异地发现自己的老师家里桌上没有桌布，窗子没有窗帘，床上不仅没有床单，连被套都没有，裸露着通了洞的旧棉絮……家里的铜锅、铜盆、铜壶等，都被他熔铸做成雕像。

那个时期，市场上的布凭布票供应，每人一年只有几尺。学生们看不过去，几个人凑了些珍贵的布票帮他买了一套新床单、被套，廖先生又感动又高兴，请同学们吃荞粑粑。

可是不足半个月，新床单、被套又不见了，这是怎么回事？

秘密被发现了，桌布、窗帘、床单都被廖先生爱生生地裹在了另外的人身上了！而这些人是不会冷的泥人。廖先生如此关心泥人的"冷暖"，不无道理！

学生们在未学习雕塑前对他们的老师如此关怀泥人，也视作怪异，待他们认识了雕塑的特性之后，就"见怪不怪"了。做过泥塑的人都明白，泥人固然不知"冷暖"，然而，泥人的肌肤比真人还怕皴裂。所以，对自己的作品有爱心的人做泥塑，就会每天用大量的湿布来包裹泥胎，以保持其湿度防止泥胎干裂变形。

廖先生的怪事还不止于此，在巴黎他曾因为迷于作画而忘记了参加订婚家宴，把准新娘气走了。有谚语说："只有傻瓜才会犯两次相同的错误。"此时廖先生又忘记了那次惨痛的教训，又犯了"健忘症"。

一次廖先生接待外宾，让人见了都想笑。原来他上身穿着一件烫得笔挺的毛呢中山服，下面却是另类"泥子裤"——这"泥子裤"，是粘满泥巴又带补疤的工作裤。这两种"泥料子"是怎么组合在一起的呢？女画家陈琦告诉我们，接待外宾那天，"他睡到凌晨3时，忽然对正在创作的一件雕塑琢磨出了修改方案，立即起床修改，直到7点多钟，才猛然想起马上要接待外宾，急忙中，他只抓了一件礼服的上衣穿着就去了。这类的笑料，先生是常有的"。有时候"从伟大到可笑，相差只有一步"（巴尔扎克《人间喜剧》）。

据笔者看来廖先生还是比气走准新娘那次聪明了一点，他虽然穿了"奇装异物"，但是如时赶到，没有气走外宾。要说廖先生"不聪明"，比他"糊涂"的艺术家还有呢！一次书圣王羲之写字着了迷，夫人把刚蒸好的馍馍和一盘醋蒜泥送进书房，隔了一会，夫人走进书房，吓了一跳，看见他的嘴边是黑的。原来这"书呆子"用馍馍蘸蒜泥，蘸到了砚台里。大概是这类的"痴呆"艺术家人数不少，所以有人总结说："书痴者文必工，艺痴者技必良。"

显然，这"痴"气正是廖先生多次夺得沙龙大奖的重大秘决之一！

光照千秋

有的人活着，他已经死去了；有的人死了，他还活着。这个虽死犹生的人就是廖新学！不幸的是廖新学只度过了58个春秋便英年早逝，幸运的廖新学离开了我们58个春秋（廖1958年逝世，至2016年又是58年），至今还活在人们心中！

古代儒家称"立德""立功""立言"为"三不朽"。修炼德行，爱祖国、爱人民、拥护党——这就是立德。不朽的艺术家为世界留下"传世之作"——这就是立功。把自己的思想、技艺毫无保留地传给后人——这就是立言。廖先生的一生与这三者都沾了边，可谓不朽！

甘当小学生的教授

廖新学先生是一位名副其实的德艺双馨的艺术家。

廖先生的一生始终是低调做人，高调做事。他十分朴实，事事谦恭礼让，有大海一样的胸怀，包容百川，不管身处什么环境，只要给他一线追求艺术的生机，他总是竭力地去适应它，常以屈求伸，不折不挠，在适应中求生存与发展。廖新学身处低位能尊重师长，身居高位不居高临下，以势压人。他不管在富民还是昆明，还是巴黎，都是个受欢迎的人，到处都有朋友愿意帮助他，所以他的逝世没有人会忘记他的美德，这就是他能始终活在人们心中的一个重要原因。

在"花都"巴黎的香气里熏了15年的廖新学，归国时身着西服，带回了西方的艺术精华。然而，接触过他的人都说他骨子里依然保留着浓浓的"土气"。遇上节庆活动联欢时，他开口唱的是"土得很"的富民山歌。他会拉二胡、唱花灯，富民山歌的曲调，始终是他的保留节目，这是母亲教会他的歌。富民老家带来的糯米，他当作最美的美食，呼唤学生们来一起吃……他对祖国、对家乡的爱也是从骨子里透出来的。

据吴有诚先生回忆：刚回国时廖先生居住在城外的席子营（今环城北路与穿金路相交处），像馆也开在城外的马王庙（今云南师大对面）。席子营的院坝较大，方便工作，租金低，场地也大，有竹林、果树、花园，他把部分花园改为菜地。他说："搞一点小劳动锻炼身体。"他的生活简朴有规律，每天坚持锻炼身体，朗诵法语。穿的是棉布衣裤，睡的是木板床，不垫厚褥，早晨吃稀饭大头菜，中晚餐三菜一汤，不沾烟酒。他常说："生活上贪图安逸，事业上就没有上进心了。"他没有架子，无论拿轻抬重，都喜欢自己动手。

廖先生的弟弟幼年时就双目失明，先生每月都给弟弟家寄去生活费，侄女廖英在昆读书的一切费用也由他管。后来还把侄儿从家乡接到昆明来供养读书，先生对侄儿、侄女及学生都如自己的子女一样对待，大家也把他视作自己的慈父。先生还把他童年时在一起做长工的伙伴刘大爷请到昆明玩，告别时，先生把自己养着研究结构的一匹瘦马送给了他。

廖新学归国以后，一直受到朋友们各方面的关心，其中也有不少思想方面的关心，对廖新学产生了很大的影响。近在一个学院的徐嘉瑞先生，经常跟他谈心，讲形势，讲树立新观念；远在北京的徐悲鸿先生在给廖先生的信件中不止一次教导廖新学一定要更新观念，为人民服务。徐先生1950年7月10日的信中说："工作以普及为主，遵照毛主席座谈所示之方针，文艺首先要为工农兵服务，要大众爱闻乐见，要有教育人民的意义。弟于此无何问题，唯需多看新书搞通思想（为人民服务），因为以往我们所做的东西，确为一般人爱闻乐见，但不是为他们服务，此节甚为重要。"同年8月3日，留法同学滑田友来信告知他，北京艺专已改为中央美术学院，并邀请他到北京工作。又说："我感觉政治学习十分需要，对于创作方向也必须研究，所以至今总是像个小学生终日研究。"

一直热爱着故乡的父老乡亲与故乡的山山水水的廖新学没有去北京，却听进了十分需要学习政治与必须研究创作方向的话。

之后，因工作需要走上领导岗位的廖新学，更深切地感受到了学习政治的迫切需要。1952年，他在《我与文联》的讲话稿中十分谦虚地表示："在座的大多数都是先进分子，我又不认识新民主主义的政策，所以每一工作派到我名下，总是为难。但我又不能十分推谢，说话时就发生顾虑，工作上也就害了同样的病。"他又说，后来通过学习、外出开会，看到了祖国建设的新气象，认识有了提高。他表示："我们今天时时刻刻要记着怎样把云南这支文艺军队锻炼好，这是文联的重要责任，也是美术、音乐、文学、戏剧工作者的爱国表现。……我保证开始当小学生，追随你们学习，绝不吹牛。"

1953年知识分子思想改造运动结束后，由于廖先生对党和祖国的忠诚，在云南高等教育界中，他第一批被吸收为中国共产党党员。入党后廖先生更加严格要求自己，不计较个人得失，勤奋工作。在学院整风学习中，他一直坚持带病工作、参加学习。有一次他吃不下饭，两腿浮肿，不能走路。学院领导让他去白鱼口疗养院疗养，他说"整风学习很重要",一直坚持到整风结束。

1957年"反右"运动时,艺术科被迫停止招生。同年冬,学院号召知识分子下乡下厂参加劳动锻炼,廖先生报名下乡,留校任教的学生张元真和他被分配到玉溪县桃园乡。张元真教授见证了廖先生的人生之旅的最后一程。

在农村,廖先生毫无洋教授的架子,他坚持和农民"三同":同吃、同住、同劳动。为抢节令,连夜间加班他都参加。有一次廖先生已经睡了,听见要连夜抢修马路,他立刻起床,还一家一户去敲门,把他负责的那队的全体队员都发动起来,这时已是深夜一点多钟了。那晚上的月亮很明,但月光下的东西是模糊的。他和大家在崎岖的山道上高一脚低一步地走着,廖先生视力较差,又患有画家们的"职业病"——挡不住美的诱惑,也许是多看了一眼远处美丽的夜色,突然一脚踩空,掉进一条深沟里,大家动员他回去休息。可他说"轻伤不能下工地",继续坚持劳动。县委提出苦干50天积好肥料过春节,他又带领群众到5公里以外的地方挑草肥。

在玉溪农村期间,他们和农民没有两样,一天两餐,一月六元钱的伙食费,大家怕廖先生身体受不了,要他买点鸡蛋吃。他说:"我们是来锻炼的,不经过锻炼怎么建立和农民的感情呢?"他的被子、衣服鞋袜都是自己动手洗补,他认为这也是锻炼,拒绝同志们的帮助。有一次到县上参加三级干部会,因为人多,大家都住在庙里,条件很差。县委为了照顾他,请他到县委去住。他说"不能脱离群众"，自己又把行李搬回来，和村干部一道铺在庙里的大殿上睡。在10天的会期里，他抓紧一切时间，为30多位农民代表画了像，画得形神兼备。大家都称赞他画得好、画得像，都把画要回家贴在墙上。没想到的痛心事是，这些画不久就成了当地人怀念廖先生的纪念品。

在玉溪"三干会"上选他代表下乡的同志发言。他说："农村也能培养出德才兼备的人才，我就是农村放牛长大的，农村本来就是我的家。……过去生活在农村，那时年纪小，许多事不理解，后来又在资本主义国家学习生活过15年，受到资本主义思想影响深，现在回到农村，重新建立感情，会使我们的作品更为人民所理解。"廖先生这个发言，受到在场的人热情称赞，对同下去的知识分子鼓舞极大。

1958年初，廖先生患肝硬化病倒了，已到晚期，须住院治疗。可能病情对患者本人保密，廖先生当时还说："没什么，住10多天就可以了，病好一点我得赶回乡下去，把具有历史意义的兴修水库的场面画下来。"当他在病魔缠身时，吴有诚和张元真经常在病房守护着他。他的学生董坤维也多次去看他，董先生曾告诉笔者，他虽然病重，还总是想着，什么地方值得去画，等出院后一定要去。廖先生虽然被疾病折磨得十分痛苦，却始终关心着工作和他人，他常问学校的教学情况，要张元真带美术杂志给他看，了解全国美术界的动态。

1958年3月23日，廖先生因医治无效去世。临终时，几乎气都喘不过来了，他还挣扎着对他的学生说："我的一切都是属于党的，所有作品完全由党来处理，党费交到三月份……我死后火化，不要浪费……"

《云南日报》登出一代艺术大师廖新学先生病逝昆明的消息后，出殡这天，灵车后面跟随着长长的队列，昆明市近万人为这位爱人民、爱家乡的德艺双馨的老乡送行。

廖新学先生葬于昆明滇池湖畔西山麓，人民音乐家聂耳墓西侧，绿树如盈，春意盎然，两位大师相伴。1983年，有关单位修葺陵墓时，著名画家吴作人为之题碑，"画家廖新学之墓"。

廖新学先生去世后，许多接触过他的人，都对他的美德赞不绝口，他仍然活在人们心里。

作品无声胜有声

廖新学先生作品中的人物虽然不会张口，却永远在对世人"说话"。显然艺术家不管他是否在世，主要靠的是作品"说话"。好的艺术作品，人们将长久，甚至永远地倾听着它的述说！

1957年云南人民出版社出版了《廖新学油画选集》，1983年云南省美术家协分会在云南省博物馆举办了《著名美术家廖新学遗作展》。2002年12月20日，云南省博物馆举办了《从牧童到艺术大师——纪念廖新学诞辰100周年作品展》，在开展当日，便吸引了观众蜂拥而来，云南省老、中、青三代美术家齐齐而至。出版画册和展出的盛况说明人们没有忘记廖新学先生，人们还要与他"对话"。

廖先生一生创作了大量作品，据不完全统计，云南省博物馆现在还保存着他的油画216幅、国画337幅、水彩画23幅、素描120幅、色粉画187幅、图案设计107幅、雕塑作品36件以及大量的草稿、速写等，总计超过1500件。其题材包括人物、花卉、禽兽、山水、古建筑、昆明风光等，还有反映云南各族人民生产、生活、工农业建设的作品。其实廖先生一生创作的作品远比上述这个数字还多，他在国外15年，创作的作品大部份留在了法国。

才华横溢的人勤奋学习、工作与一般人的勤奋学习、工作的最大区别在于，前者的动力在内，后者的动力在外。有才华的人之所以不间断地、甚至超负荷地工作，其原因是来自内心的热爱，所以乐此不疲。廖新学忘记"定婚仪式"，忘记会见外宾服装该怎么穿，正是被工作所迷，欲罢不能，正是有才华的一种表现。所以没有强烈的创造欲望的人，是难于与天才、才华沾边的。所以常被强烈的创造欲望所驱使的廖先生对学生说："不工作就等于害病一样。"廖先生毕生都在拼命学习、工作，生了病都不愿休息，可说是经常在"透支"体力，对这种忘我的创造精神，法国作家圣-埃克苏佩里说得好，他们是"用生命去交换比生命更长久的东西"。廖先生正是用有限的生命交换到了上千件"比生命更长久的东西"——美术作品。

为什么人们常把廖新学当作著名画家？其实廖新学首

先是有国际声誉的雕塑家，其次才是画家。廖新学留法，进的是雕塑系，也搞油画；他获沙龙大奖的主要作品也是雕塑，是他的雕塑作品使他获得了国际级的声誉。云南油画学会主席姚钟华先生对廖先生的雕塑艺术评价很高，他说："最近我才见到他在法国所做雕塑的放大照片，使我大吃一惊。廖先生有如此功力和气派，可谓大师手笔，在国内是少见的。"他认为："快50年过去了，廖先生在雕塑艺术领域所达到的峰巅至今仍鲜有比肩者。"他又说，廖先生的雕塑，造型准确，结构严谨，质朴，浑厚。

由于人们较多地看到的是廖新学的绘画作品，而对他的雕塑见得少。因为他在法国做的雕塑作品大多没有带回国内；此外回国10年，因为种种原因，他没有做出较多的铜雕、石雕之类的高材质的作品，所以不仅民众对他的雕塑作品知之不多，就连艺术界人士对他的雕塑也见得较少，因而评论也较少。所以不少人只知廖先生是著名画家，却不知他是更著名的雕塑家，连著名画家吴作人先生，为廖先生提写的墓碑都一不小心出了偏差，提为了"画家廖新学之墓"。至今云南文化界特别是美术界许多人士都觉得应当尽早把这一误导纠正过来。

女画家陈琦认为："虽然他获得法国沙龙金奖的是欧洲男性人体塑像，而我们以为他回国后所作的农民和少数民族的雕像，在艺术上更超越。"例如，他的雕塑《彝家少女》1955年入选第二届全国美展，《傣族小卜哨》《苗族少女》等被中央美术学院收藏陈列。

在法国期间廖新学的作品在国际展览会上屡屡获奖，证明他已经跻身于世界著名雕塑家的行列，他的艺术成就得到了世界的认同。

在云南省博物馆工作的画家刘亚伟先生对廖先生的作品做了较全面的研究，他在《廖新学先生的艺术人生》⑨一文中对他的雕塑作品评价说："他的雕塑作品功力深厚，充满了喷薄欲出的力量，尤其是青铜雕塑，堪称他雕塑作品中的精华。""廖新学的雕塑尤其强调结构和造型的洗炼，强调人物神态和情感的流露。高度概括并继承了罗丹、戈德蒙等西方经典主义雕塑精髓，又汲取了中国汉唐石雕、砖刻和民间工艺的优良传统。其作品线条流畅，气魄雄伟，既有一股超拔劲健的力度和质感，又具有含蓄抒情的韵味。他十分注重雕塑的内在结构及独有的人物特性，创作时重视人物的造型和强调雕塑的语言。纵观廖新学的雕塑，他关注一个时期对体裁的设定与研究，不管头像雕塑、全身雕塑或群体雕塑，在解剖、透视、比例、人物动态、神态上都紧扣创作主题。他的雕塑作品大气磅礴、雄伟挺拔，给人以力量、健康、优美的感受。很多作品在泥塑层面留下雕刻和手塑的痕迹，他雕塑的苗女形态羞涩、安详，雕塑语言生动，手法运用娴熟，完整地表达了艺术给人的无限遐想。"

廖新学先生对雕塑创作还有一些宏大的构想，只是由于种种原因未能实现。他曾对张元真教授说："今后你的时间精力要多用在做雕塑上，新中国的城市建设需要雕塑人才。视野要开阔，思想要提高，艺术的翅膀才能飞翔得更高。"

廖新学在艺术创作上不仅雕塑很杰出，且具有多方面的才能，油画、色粉画、图案设计等都有佳作。

姚钟华先生在《永久的怀念——纪念廖新学先生诞辰一百周年》一文中说："他的油画浑厚淳朴，有浓厚的乡土气息，充满了对故乡的爱。他那些风景写生，技巧纯熟，吸取了印象派到新印象派的手法，也深受巴比松画派的影响，表现了亲切自然的感受。"在《云南油画概述》中，他认为："从他（廖新学）开始，云南才有了现代意义的油画与雕塑。"他又说："廖先生的油画风景画和静物，手法洗练，色调明朗，其风格，是西画传入中国的早期形态的代表，从他的作品中可以看到中国油画在20世纪变化的缩影。研究廖新学，实际上就是研究中西文化的交流史，也就是研究中国文化的演变。"

女画家陈琦回忆说："先生能将国外学到的技法融入自身情愫中，他不追求'洋'和'怪'，而是追求'土'和'扑'，越是熟悉昆明的人就越感到先生的作品亲切。站在先生的《滇池》旁，仿佛即闻到湖中飘来海菜花的香……"

沙璘先生与姚建华先生等云南画家对廖新学先生的油画有很高的评价。他们认为，廖新学先生较为全面地继承了西方绘画艺术的精华，从古典主义到近代的现实主义、印象派甚至后期印象派的某些表现技法，他都有选择地加以吸收，为己所用。廖先生的画风很朴实，他的油画源于最纯正的欧洲传统，然而内容又有昆明浓郁的乡土气息。他笔下的昆明景观一般的欧洲画家是画不出来的，因为他的画笔饱含着一个老昆明人对养育自己的大地母亲的感激之心与赞美的激情；也可以说他笔下的昆明景观，其娴熟的油画技巧是其他云南画家难于得心应手的。

廖新学先生一回到昆明抑制不住对家乡思念之情，立即一鼓作气地画了一批富于乡土特色的古建筑：《昆明碧鸡坊》《昆明近日楼》《昆明鸣凤山铜殿》《昆明小西门康阜楼》等等。也许是他出国前与这些昆明的标志匆匆告别之后，没想到一去就是15年，游子归来后自然倍感亲切，似乎害怕以后将再次见不到它们。没想到他当时这种看似多余的担心，并非多余，之后随着城市的建设发展，这些珍贵的老昆明标志，日益稀少了。

廖先生捕捉了昆明古城的历史沧桑，再现了它厚重的文化底蕴。今天重新看到这些珍贵的作品，我们不仅仅觉得欣赏到的是一组画，还让我们找回了故乡鲜活的记忆。这些用纪念碑式的构图描绘的雄伟、庄严的城门楼阁、牌坊，来来往往的行人、人力车，记录了那个时代的昆明风貌，述说着当时的市井生活。

廖新学描绘自然景观，同样体现了他对家乡的挚诚热爱。风景油画《滇池》《西山》《翠湖的秋天》《翠湖晨曦》《夏日海埂》等作品，反映了四季如春的昆明特征，把浩瀚的滇池、雄伟的西山、碧绿的翠湖、古朴的农舍、勤劳的农人等等，都栩栩如生地再现于画面上，给人以美丽、自然、朴素、真实而和谐的美感，让人感受到泥土的芳香和浓厚的乡村生活气息。

云南美术家协会油画艺委会委员刘亚伟先生赞扬说："廖新学的风景画的感人之处就是他把所学的技法完全倾注到表现对象的情感里。感动、兴奋、投入是一个艺术家不可缺少的情感所在。"

昆明美术家协会副主席沙璘先生说，廖先生的作品富于时代气息，他始终把艺术和现实社会，与人民紧密地结合在一起。在玉溪，他在病中还坚持边劳动、边画水库工地的劳动场景，创作了《玉溪东风水库》的油画。廖新学还深入东川矿区，与矿工同吃同住、同下坑道体验生活，给他们画肖像，用绘画来歌颂劳动者。作为人民代表，他常常利用"人代会"的会议间隙为劳动模范画像，他画的油画肖像画风纯朴自然，形体准确，形象生动，有着强烈的时代烙印。

廖新学还创作了一系列革命历史画，如《鲁迅》《聂耳远涉重洋》《毛泽东》《红军长征过武定》。从中可看出廖新学倾注了对这些历史人物的景仰与热爱，画中主题人物的呼应，人物的衣着、地域特点的描述等，都充分体现了廖新学对艺术创作的严谨态度。

刘亚伟先生说：回国后，廖新学在作品中积极探索新的绘画语言，他的作品既融入了点彩派的技法，又在内容上融入了东方人的理念，使画面充满了鲜活的东方情调。由于东西方文化的差异，国内大多数人又未见过油画的表现方法，廖新学的油画作品曾遭到一些人的非议，不断有人冷嘲热讽挖苦他的作品，为人忠厚的廖新学不愿过多地与他人理论，只好在方法和技法上做了一些调整。1957年后，廖新学的绘画风格有一些变化，特别到生命后期，由于身体原因，他的作品少了一些冲动，多了一些理智；少了一些激情，多了一些叙述。色彩不再丰富，颜料淡薄，近似平铺直叙，点彩技法也随之消失。

多才多艺的廖新学一生中还画了大量的色粉画和中国画，他在巴黎期间办个人画展主要靠国画，为维持生活和从事雕塑创作，也主要靠卖中国画。他的中国画受到新闻媒体的热捧，深受画廊和西方众多艺术爱好者的青睐。

此外他在图案设计方面也有重大贡献。他为印染厂设计的花布，既有西方的艺术观念，又有中国传统的色彩装饰效果和浓郁的云南民族特色。他与美术家严竣设计的云南著名的烟标"大重九"，是当时中国最负盛名的卷烟商标之一。

今天廖先生已经远行了，他的众多作品还在讲述着廖先生的心声。

后继有人

人的肉体总是会腐朽的，然而其精神可以代代相传而得到永生！

　　廖新学先生虽然没有子女来传承他的事业，然而他对他的事业是否后继有人十分重视，始终把希望寄托在后人身上，他的三个侄儿侄女，在他的培养下都擅长雕塑与绘画，大侄女廖瑛的作品还获过奖。他的学生张元真和董坤维都说他把学生当作他的儿女一样，对他们艺术上的点滴进步，十分关注。他常说："我的年纪已经大了，我的希望就是学生，也就是你们。我希望多培养出几个好学生来。"他又对他的学生吴有诚说："很多艺术家生前未完成的事业，多由他的学生来完成。"

　　在廖先生的领导下，师范学院艺术科办得很出色。为云南培养了许多高级艺术人才，这些人为祖国边疆的美术事业做出了开拓性的贡献。其中不少人成为了云南美术事业的创作骨干、美术教育工作者、美术出版编辑、美术行政组织管理工作者，有的还全面承袭了廖先生的衣钵又是美术家，又搞美术教育。下面将廖先生三代传人的概况公布于下（排名以姓氏笔划为序），因史料所限，如有遗漏，笔者在此致歉！

　　每位传人的介绍，前面是艺术简历，后面是笔者评语。评语并非艺术鉴定委员会鉴定书，乃笔者一孔之见，且因评价艺术家及其作品难度极大，故评语仿照字数对称的对联式写法，因诗词楹联不必像鉴定书般准确、严肃，允许一定程度夸张，可寓庄于谐，读之有一定情趣。当然笔者已尽力贴近艺术家及其作品的特点，限制夸张度，以减少失真度。

廖先生的第一代传人：

陈琦，1934生于昆明，女，回族。1955年毕业于昆明师范学院艺术系美术专业，职业版画家。中国美术家协会会员、中国版画家协会会员。作品曾多次参加全国美展、全国版画展、全国书籍装帧艺术展和省级美展。曾获省美展二等奖，获全国性美展两次三等奖，插图获西南、西北九省区插图创作一等奖，并被选送法国参加春季沙龙展。1990年荣获版画世界奖，同年获《版画世界》鲁迅奖。1996年获中国版画家协会颁发的"五六十年代优秀版画家鲁迅版画奖"。获日本法人集团三江会馆金奖。作品曾到过欧、亚十余个国家和地区展出。1987年、1992年两次应邀访问日本，举办四人联展和《万强麟、陈琦、万凡家庭三人版画展》。几幅插图版画曾分别被中国美术馆、北京民族文化馆、云南美术馆和四川美协收藏。曾在《美术》杂志发表回忆廖先生的文章《写在30年后的追忆》。

陈琦女士不愧为廖先生高足，作品曾在欧亚十余国展出，笔者赞曰："联展在东京，一家三口皆画家；作品进沙龙，廖氏出色女弟子。"

陈廷凡，毕业于昆明师范学院艺术系美术专业。曾发表回忆廖先生的文章《蜚声国际艺坛的美术家廖新学》。

吴有诚，昆明市富民县人，廖先生的助手与私传弟子。《民族工作》杂志社副编审，曾在多种刊物上发表《恩师廖新学》等回忆廖先生的文章。

张元真，女，四川泸州人，1934年生。1955年毕业于昆明师范学院艺术系美术专业，留校任教。张元真教授长期从事雕塑艺术教学及创作。曾任云南艺术学院美术系主任兼雕塑创作室主任，云南省美术家协会常务理事，云南省美协雕塑艺术委员会主任，中国美术家协会会员。张教授从教38年，培养了大批高级美术人才，创作了《园丁》《阿诗玛》《腾飞》等30多件室外大型雕塑，分别立于云南多个城市中。其主要业绩被列入《中国现代美术家名鉴》《中国当代美术家人名录》《中国文艺家传记》《世界华人艺术家成就博览大典》。她是全国城市雕塑创作设计资格证书持有者。曾出版《张元真雕塑作品精选》。

张元真教授可谓："滇省城中佳作屹立多处，云岭大地桃花李花遍布。"

高德林，云南通海人，1930年生。1955年毕业于昆明师范学院艺术科美术专业。系中国美术家协会会员，长期从事美术组织工作。曾任云南省文化厅副厅长，云南美术家协会秘书长、副主席、主席等，云南省美术家协会名誉主席。擅长美术评论，曾发表《抒人民之情》《新的收获》《云南美术与云南民族文化》《云南少数民族壁画艺术》等有关美术的文章。

董坤维（1925～2012年），祖籍大理，白族。廖先生的私传弟子。系中国包装协会会员、云南省美术家协会会员，高级工艺美术师。他设计的作品在国内外多次获奖。其中有1989年全国第一届《星火》成果银奖，1990年

《中国妇女儿童用品四十年》博览会金奖、全国工艺百花奖优秀旅游品奖等。《唐代猎人》（斑铜）被选送巴黎展出。20世纪五六十年代在昆明市美术学校（后部分并入昆明市艺术学校）任教，培养了一批高水平的美术人才和工艺美术人才。八九十年代期间，为全省的陶瓷、染织、斑铜等行业培养了一大批设计人才。

董先生与张元真教授都是全面继承了廖先生的衣钵，两人可谓："台上善讲能教，台下能画善塑。"董先生偶尔做点雕塑，不做则已，一做就登大雅之堂，他的斑铜作品《唐代猎人》也步廖先生的后尘到巴黎展出。笔者赞曰："在昆明学西方雕技，到巴黎展东方风姿。"

廖先生的第二代传人：

画家陈琦在出版社做美术编辑，对培育美术人才做了不少工作，她还与丈夫万强麟（画家）共同培养了他们的后代——画家万凡，1992年他们一家三口曾在日本举办《万强麟、陈琦、万凡家庭三人版画展》。

张元真教授从教38年，培养了一大批高级美术人才，可谓桃李满天下，因缺乏史料，仅介绍其中一位雕塑家。

张志禹，雕塑家，中国美术家协会会员、中国雕塑学会会员。1966年毕业于云南艺术学院美术系雕塑专业，曾任云南艺术学院教授、云南美协雕塑艺委会主任等职。作品《超越》获第二届云南省体育美展一等奖，第十一届亚洲运动会展览中获特等奖，被国际奥委会总部博物馆收藏陈列。1990年获省突出贡献优秀专业技术人才奖。为各地设计城市公共雕塑30余座。为云南省培养了众多的雕塑人才。作品与事迹被收入《云南科技英才》《中国当代美术1979—1999》《中国城市雕塑50年》《世界雕塑全集》等典籍。

昆明市美术学校成立于20世纪50年代后期，之后部分并入昆明市艺术学校。董坤维老师先后在这两个学校任教，培养了一批人才。据笔者所知，毕业于这两个学校的学生马建云、刘宗骐、沙璘、余兆樑、陈欣、姚建华、张雾勋、张俊、蒋高仪（排名以姓氏笔划为序）等人，在美术创作或美术设计方面都取得了一定成就，有的甚至是著名画家或成就显著的工艺美术师。另外，还有些同学终身与艺术女神结下不解之缘，至今还爱画画、赏画、看美展，如杨璐西、何金泉（工艺美术师）、陈树新、张嘉琨等人。

马建云，回族，工艺美术师。曾多次参加省、市及全国美展。1990年，开始研究陶瓷艺术，因对高温釉下彩陶瓷壁画的品质、品种在传统的基础上有重大突破，被云南新闻媒体誉"为独具特色的云南高温釉下彩艺术"。1993年、1994年先后设计创作了大型陶瓷壁画《动物乐园》和《古滇魂》（两画皆与人合作），中央电视台做了报道，《光明日报》《云南日报》等新闻媒体对前者做了报道，并给予高度评价。退休后，曾应云南财经大学现代设计艺术学院聘请，在陶瓷工作室任教。

马建云对釉下彩的创新突破可谓："集釉下彩设计

与烧制于一身，让金孔雀从云南小炉中腾飞。"

刘宗骐系云南省专家协会会员、云南省美术家协会会员、昆明美术家协会常务理事、昆明中国画艺术委员会主任、昆明书画院山水画家、昆明市文史馆馆员。

刘宗骐的外曾祖父刘正源是富民县盐商，曾出资赞助廖新学出国留学。其父为画家刘秉钧，早年在廖新学指导下学画，可称廖氏私传弟子，后在昆明市美术服务部工作。因善画肖像画，主要负责绘制大型领袖像，数十年中画了上万张，还为中苏友协等机关绘制大型革命历史画。

刘宗骐自幼随父学画，多幅作品曾在国内各大城市和欧美、亚州多国展出；曾参加第三至第八届世界书画展。曾获"国际文化交流大奖""旧金山金桥奖""杰出作品赏""优秀作品奖"等国际奖项。曾获第五届中国山水画展"山水画创新奖"等全国奖项。曾为云南的省市政府多家机关大厅及部分大宾馆画大型山水画，多幅作品被省市机关作为礼品赠送欧美等国友好城市。已出版个人作品画册《刘宗骐中国画集》。

刘宗骐之画选材有云南特色，廖先生的两代弟子中，不乏画西画之人，可能缺少画中国画者，他善画国画，且他也步廖先生后尘到巴黎展出，堪称："梯田罩烟云白雾，取数亩尽显出人勤地奇，笔端参中西技艺，画多幅已闯入欧美殿堂。"

沙璘，回族，曾在昆明师范学院艺术系（云南艺术学院的前身）进修一年。中国美术家协会会员、第五届云南省美术家协会常务理事、少数民族美术艺委会副主任、油画艺委会委员、原云南油画学会理事、昆明美术家协会副主席（兼秘书长）。退休前为昆明市文化馆美术工作室主任（副高职），曾被聘为云南艺术学院客座教授。其作品十余次参加全国美展，并在全国性美展中获一等奖两次，获铜牌奖两次；获"民族杰出美术家"等奖牌；获"省文学艺术奖励资金"银奖、铜奖各一次；获昆明市人民政府"茶花奖"银奖一次；多次获各种级别的优秀奖。有的作品曾到欧洲展出；其中两幅作品被省级纪念馆收藏并陈列。为云南人民英雄纪念碑创作碑体浮雕及碑体装饰图案。部分作品曾被《美术》等国家级刊物刊登。已出版个人作品画册《沙璘油画集》。

未正式上过大学的沙璘，走上了大学讲坛。笔者赞曰："昔日齐木匠未进过大学之门，捷足直奔大学讲坛；今朝沙璘兄步白石后尘授徒，再登高校大雅之堂。"

沙璘的风俗画与风景画都颇有造诣，堪称："笔下人物栩栩如生，画中光影巧夺天工。"

余兆樑，后调重庆工作，被评为工艺美术大师。

陈欣，白族。曾在昆明市工艺美术研究所等单位工作，系工艺美术师、云南省美术家协会会员。作品曾多次参加省、市级美术展览。

陈欣曾一度忙于担任领导工作，终觉"难于与缪司分手，后期又重握画笔。"

姚建华，回族。中国美术家协会会员。退休前为

《滇池杂志》社美编（副编审）。水彩画作品曾在美国、韩国等国家展出。其作品十余次参加全国美展，其中三次获铜奖，多次获优秀奖。曾获全省美展一等奖、二等奖等奖项。获市级美展金奖、银奖等奖项。被评选为云南省文艺家协会德艺双馨中青年会员，获云南省委宣传部等授予的"四个一批"云南文学艺术成就奖。

姚建华早期与近年风格似各据一端，堪称："早期写意用大刀阔斧，近年写实常以假乱真。"

张雾勋，曾在昆明市美术学校学习，毕业于云南艺术学院附中。之后曾在广西艺术学院油画研究生班进修一年。中国美术家协会会员、云南省油画学会会员、工艺美术师。油画《烧姜汤》参加1972年昆明军区美展后入选全国全军美展，并选送出国展览，此画受到叶剑英元帅赞誉。此后作品多次入选全国及全省美术展览。

张雾勋为攀登得更高，本已具备扎实的素描功底，仍不断精益求精，并不停歇地探索新的绘画语言，他"希望幸运地站到巨人肩膀上，企盼最先发现雾海中的曙光。"

张俊，云南省作家协会、云南省摄影家协会、云南省诗词学会、云南省地方志学会、云南省民族艺术研究会等会会员、云南省蒙学研究会理事，工艺美术师。曾为《云南围棋史话》、《橄榄树》（小说）、《大理旅游》等书画插图并做封面设计。之后，绘画兴趣转移至艺术摄影与历史、旅游文化方面的写作。发表摄影作品1500余幅，参加全国及省市级影展、出国巡展，数次获奖。写作出版文化类书10余本，曾获全国及省内奖项。

张俊看师兄们捷足先登，望尘莫及，于是"用相机捕捉美，以文字抒心曲。"

蒋高仪，曾在云南艺术学院专修油画。中国美术家协会会员，中国少数民族美术促进会理事，曾任云南省美协理事和水彩画艺委会委员；受聘为香港国际画院油画艺术委员会副主席；退休前为云南民族出版社美编（副编审）。其作品多次参加全国美展，并在全国性美展中获金牌奖、银牌奖、二等奖；获"民族杰出美术家"等奖项；多次获各种级别的优秀奖。曾在台湾举办个人水彩画展。出版个人作品画册三册：水彩画集《红土地上的云南人》《蒋高仪抒情乡土风景油画》《红土挚情——蒋高仪油画集》。

蒋高仪色彩感觉敏锐，尤其擅长风景画，始终坚守着"戴唯美的眼镜挑山选水写实，执抒情之彩笔摄人心魄造景。"

廖先生的第三代传人人数不少，因资料缺乏仅知一位：

刘红，是画家刘宗骐与妻子林文卿（毕业于昆明市美术学校）之女，从小随父母学画。刘红现为敦煌中国画院画家、云南省美术家协会会员、民进中央开明画院理事、云南民进开明画院常务副院长、重彩画艺委员会会员、云南省收藏家协会理事。作品多次参加省内外美展，曾在欧美及亚洲多国参加国际画展，多幅作品已被国内外人士收藏。已出版个人作品画册《刘红画集》。

　　她的作品可谓："遵西洋古典油画严谨画风，展示中华浓郁之民族风情。"

　　廖新学先生虽然离开了我们半个多世纪，然而，他的艺术、他的精神通过一代代传人，还在代代相传。

注释

①红帆:《云南美术留学生与云南近现代美术教育》载《云南艺术学院学报》2008年第2期。

②陈廷凡:《蜚声国际艺坛的美术家廖新学》在"廖新学诞辰100周年油画展暨学术研讨会"上的讲话,转自富民县网站。

③云南人民出版社2008年5月第1版,《云南省博物馆馆藏精品全集·廖新学美术作品》一书的廖新学《年表》备注说:"廖新学实际出生时间为1900年1月14日,因当时考公费留法国超龄,故改为1902年。"

④滑田友编委会编《滑田友》,江苏美术出版社2007年12月第1版。

⑤一石:《兴教东陆 创业南滇》,《春城晚报》2003年3月1日至17日连载。

⑥印象派绘画是西方绘画史上划时代的艺术流派,产生于19世纪。采取在户外阳光下直接描绘景物,对光线和色彩的揣摩、表现,达到了色彩和光感美的极致。

⑦刘开渠(1904～1993年),安徽人。雕塑家,曾赴法国巴黎高等美术学校雕塑系学习。归国后任杭州艺术专科学校

教授，其艺术风格融中西雕塑手法于一炉，手法写实，造型简练、准确、生动。曾出版《刘开渠雕塑集》《刘开渠美术论文集》。

⑧云南省博物馆编《从牧童到艺术大师——廖新学艺术创作史料辑》，云南人民出版社 2008 年 5 月第 1 版。

⑨刘亚伟：《廖新学先生的艺术人生》载《云南文史》2015 年 01 期。

参考资料

云南省档案馆存民国档案（文件级）1935 年至 1948 年有关廖新学档案。

云南省博物馆马文斗主编.从牧童到艺术大师——廖新学艺术创作史料辑.云南美术出版社，2010 年版

云南省博物馆编.云南省博物馆馆藏精品全集·廖新学美术作品.云南人民出版社，2008 年版

陈廷凡.蜚声国际艺坛的美术家廖新学.在"廖新学诞辰 100 周年油画展暨学术研讨会"上的讲话，富民县网站

张元真.我敬爱的廖新学老师.从牧童到艺术大师——廖新学艺术创作史料辑

纪念敬爱的廖新学老师.在"廖新学诞辰 100 周年油画展暨学术研讨会"上的讲话，云南艺术学院网站

陈琦.写在 30 年后的追忆——缅怀我的老师廖新学先生.美术，1987 年第 8 期

吴有诚.恩师廖新学.从牧童到艺术大师——廖新学艺术创作史料辑.今日民族，2002 年第 7 期

高德林.廖新学诞辰 100 周年油画展暨学术研讨会上的讲

话. 艺术导报, 2003 年第 2 期

刘亚伟. 廖新学先生的艺术人生. 云南文史, 2015 年第 1 期

滑田友编委会编. 滑田友. 江苏美术出版社, 2007

迟轲. 西方美术史话. 1983

德斯佩泽尔, 福斯卡. 欧洲绘画史. 1984

赵磊, 张涛等选编. 艺术情思录. 长春人民出版社, 1994

姚钟华. 永久的怀念——纪念廖新学先生诞辰一百周年. 载云南省博物馆编《云南省博物馆馆藏精品全集·廖新学美术作品》, 云南人民出版社, 2008

姚钟华. 云南油画概述. 99 艺术网专稿 2012.10.10

蒋华强编. 啸马苍鸿徐悲鸿. 民主与建设出版社, 2012

傅宁军. 悲鸿生命——徐悲鸿的生前死后. 人民文学出版社, 2013

石楠. 一代画魂潘玉良. 作家出版社, 2006